DER FEINSCHMECKER

EDITION

Eckart Witzigmann

Crossover Küche

Fotos: Günter Beer

Herausgegeben von der Redaktion DER FEINSCHMECKER

Inhalt

6 Vorwort

Frühling 10

Die feinen Düfte noch junger Kräuter würzen den Auftakt des Jahres: glänzende Lorbeerblätter, zarte Rosmarinspitzen, leuchtende Lavendelblüten und ein frischer Hauch von Minze

44 Sommer

Jetzt ist die Zeit reif für pralle Früchte und saftiges Gemüse: Zucchini, Auberginen, Tomaten, Mangos, Kaktusfeigen und höllisch scharfe Chilis beleben und verzaubern die Sinne

78 Herbst

In den Erntemonaten kommen wieder neue Aromen: von Äpfeln, Waldpilzen und Linsen, von Muskatkürbis, Wacholderbeeren und Tapioka

Winter 110

Auch für festliche Genüsse ist die Auswahl verführerisch und opulent: Gerichte mit Hummer, Jakobsmuscheln und Lamm, mit Stockfisch, Kokosmilch und Macadamianüssen

146 Warenkunde

156 Register

Bewertung der Weine:

- ○ Weißwein etwa 15–25 Mark
- ○○ Weißwein etwa 25–80 Mark
- ● Rotwein etwa 15–25 Mark
- ●● Rotwein etwa 25–80 Mark
- ● Roséwein etwa 15–25 Mark
- ●● Roséwein etwa 25–80 Mark

Die Weinempfehlungen zu Eckart Witzigmanns Rezepten gab Paula Bosch, Sommelière im Münchner Restaurant „Tantris"

Für die Fotoproduktion auf Mallorca kauften Eckart Witzigmann (rechts) und sein Assistent, Spitzenkoch Patrik Jaros, die benötigten Zutaten auf örtlichen Wochenmärkten ein

Crossover-Küche“ sagen die einen, von „Fusion Style“ oder „Pacific Rim Cuisine“ ist anderswo die Rede: Gemeint ist immer ein kulinarisches Phänomen der jüngsten Jahrhundertwende, und diese Begriffe umschreiben allesamt einen Kochstil, der überaus empfänglich ist für Inspiration und kulturellen Austausch. Dieser Trend ist in unserer mobilen, reisefreudigen Welt fast zwangsläufig entstanden – denn wer andere Sitten und Traditionen sogar aus eigener Anschauung erlebt, der hegt weniger hemmende Vorurteile. Auch beim Essen.

„Die Crossover-Küche ist für mich ein zeitgemäßer Ausdruck von Weltoffenheit und Lebensfreude, sie macht heute die Gastronomie reizvoll für die Internet-Generation, die ja viel herumkommt – nicht nur virtuell – und zwanglos alles zusammenführt, was ihr Spaß macht und schmeckt“, erklärt Eckart Witzigmann seine Faszination für die interkontinentale Küche. „Hier stehen nicht bloß Luxusprodukte im Mittelpunkt, sondern die Ideen, die überraschende Kombination von Zutaten. Crossover muss Witz haben, frisch sein und von bester Qualität, es soll auch möglichst nicht dick machen“, meint der geniale Drei-Sterne-Koch (vormals Küchenchef in den Münchner Restaurants „Tantris“ und „Aubergine“), der einer Fangemeinde seit Jahren regelmäßig seine Kochkunst in der Zeitschrift DER FEINSCHMECKER präsentiert. Das Fusionieren von ganz unterschiedlichen Küchen ist vor allem in den Metropolen gang und gäbe. „Eine typische Großstadterscheinung, die sich schnell und ständig weiterentwickelt – wie die Vorlieben junger Städter. Trends entstehen heute nicht mehr zuerst in Paris, sondern vor allem in New York und London, auch in der Küche“, hat Witzigmann beobachtet. „Und das sage ich als im Grunde frankophil denkender Koch, meine großen Lehrmeister waren Franzosen, denen verdanke ich – fast – alles. Aber die Impulse kommen derzeit eben von anderswo“, fügt er fast entschuldigend hinzu. „In der Provinz hat die Crossover-Küche kaum eine Chance, sie ist in westlichen Breiten dort erfolgreich, wo keine fest verwurzelte Regionalküche den Ton angibt – nämlich in den Millionenstädten. Da mischen sich ja ohnehin die Menschen aller Kontinente.

Eine kulinarische Weltreise

mit Eckart Witzigmann

Wilden Spargel (links) serviert Eckart Witzigmann zu Zickleinschulter (Seite 39), die imposante Languste gibt's als Spießchen zu Mangosalat (Seite 62)

Der Duft von reifen Feigen inspirierte Witzigmann zu einem Dessert mit Grenadinesirup (Seite 72)

In Franken zum Beispiel, in Baden oder im Elsass ist die heimische Küche hingegen so gut und etabliert, dass Zitronengras oder Kokosmilch die Regionalrezepte wohl kaum jemals verdrängen werden."

Für manchen weit gereisten jungen Koch liegt der Reiz nahe, Italienisches mit Japanischem zu kombinieren, Amerikanisches mit Thailändischem, Orientalisches mit Chinesischem. Ein weites Feld für Experimente, die aufregende, neue Geschmacksdimensionen erschließen, aber auch zu Irrungen und Wirrungen verleiten können. Der neue Freistil kann mangelhaftes Handwerk eines Koches nämlich nicht kaschieren, egal wie viel Koriander oder Ingwer zum Einsatz kommt. Im Gegenteil: Crossover-Künstler brauchen mindestens ebenso viel Fingerspitzengefühl wie bei der traditionellen Küche ihrer jeweiligen Heimat. „Man muss sich in die Kultur fremder Küchen gut einlesen, um zu verstehen, was das Typische an ihr ist – dann kann man schließlich auch Elemente daraus entlehnen für einen Mix mit anderen Küchen. Es darf keine Dissonanz geben beim Kombinieren!", sagt der leidenschaftliche Kochbuchsammler Witzigmann, der in seiner Münchener Wohnung in jedem Winkel neue Bücherberge anhäuft, weil seine Bibliothek schon längst aus allen Nähten platzt. Eckart Witzigmanns oberstes Gebot: „Harmonie der Aromen ist das Einzige, was zählt beim Kochen, auch bei der Crossover-Küche. Der Geschmack der einzelnen Zutaten darf nicht verfälscht werden, sie sollen sich vielmehr gegenseitig ergänzen und verstärken."

Wer wäre berufen, die Küchen miteinander zu kreuzen, wenn nicht er? Witzigmann, einer der bedeutendsten Köche unserer Zeit, hat natürlich die Neugierde auch nach China und Japan, Thailand und Indien, nach Marokko und auf die Philippinen geführt – denn abgesehen von angelesenem Wissen gehört auch eigene Anschauung dazu, wenn die Crossover-Küche glaubwürdig gelingen soll. Man muss die vielen ungeahnten blumigen wie strengen Düfte auf asiatischen und orientalischen Märkten erlebt haben, die unbekannten Früchte geschmeckt und die pikanten Gewürze verkraftet haben. Auf Reisen nach Singapur und Bangkok, Hongkong und Shanghai waren hervorragende Küchenchefs Witzigmanns Gastgeber – und sie haben ihn in viele ihrer Geheimnisse eingewiesen, ihm Kochtechniken und exotische Produkte vorgeführt, ihn neue Gewürzkombinationen schmecken lassen und Gewohntes in ungewohnter Manier für ihn zubereitet.

„Solche Ausflüge zu Kollegen in Fernost spielen sich vor allem auf den Märkten und in den Küchen ab, da lernt man schon enorm viel über Land und Leute, auch wenn man für die gängigen Touristenattraktionen meist viel zu wenig Zeit hat", erzählt Eckart Witzigmann, der von sich sagt: „Ich war nie ein Jetset-Koch, obwohl ich ungezählte Möglichkeiten zum Reisen gehabt hätte. Das Pflichtgefühl hat mich im Zweifelsfalle immer am Herd gehalten."

Aber auch Mallorca, seit einigen Jahren sozusagen seine neue Heimat – er konzipierte dort eine Reihe neuer Restaurants – , ist ein Quell der Inspiration geworden „wegen der vielen fabelhaften Zutaten, die diese Insel zu bieten hat. Vor allem Fisch und Meeresfrüchte, Obst und Gemüse sind dort eine wahre Freude für mich." Die Unbefangenheit, verschiedene Kulturen in einem Gericht zu zitieren, haben uns zunächst die Amerikaner, oder besser: die Kalifornier vorgemacht. Sie erkannten nämlich schnell, dass bei dieser Art zu kochen Fette zugunsten von Gewürzen reduziert werden können bei gleichzeitiger Steigerung des Geschmacks. „Crossover ist auch ein großer Gewinn für alle Feinschmecker, die am liebsten Gemüse, Obst und Getreide essen", meint Witzigmann. „Noch nie konnte man bei uns so viele Zutaten aus allen Winkeln der Welt kaufen. Die tolle Auswahl an Gewürzen gibt altbekannten Zutaten ja ungeahnte neue Reize."

Sein Rat: Unbedingt die Gewürze im Ganzen kaufen, keine vorgemahlenen Pulver, die schon „ausgeraucht", also im Aroma verblasst sind. Besser sind allemal Zimtrinde, frische Ingwerwurzel und Korianderblätter,

Eckart Witzigmann bereitet ein Spanferkel vor (Seite 101)

Kardamom und Sternanis in ganzen Kapseln, Chilischoten und Pfefferkörner, denn sie entfalten beim Mörsern und Mahlen viel mehr Würzkraft und Ausdruck. Kein Hobbykoch ist gut beraten, ganze Kompanien von Streudosen jahrelang im Küchenschrank zu horten. Die Warenkunde ab Seite 146 stellt die am häufigsten verwendeten exotischen Zutaten für die Rezepte dieses FEINSCHMECKER-Buchs vor, von Kumquat bis Granatapfel, von Kaffirlimette bis Palmzucker, von Fischsauce bis Reisnudeln, von Koriander bis Chorizo. Nach „Witzigmanns junges Gemüse", dem ersten Band der FEINSCHMECKER-Edition, wurden nun auch im zweiten Werk Eckart Witzigmanns die Rezepte den vier Jahreszeiten zugeordnet. Zwar sind die tonangebenden Gewürze rund ums Jahr bei uns zu haben, aber die Hauptzutaten richten sich jeweils nach dem Angebot auf unseren Märkten – sei es der Spargel im Frühling oder die Quitte im Herbst.

Sonnenschein und opulent bestückte Marktstände oder Fischerboote machen jedem Koch gute Laune, erst recht einem wählerischen wie Eckart Witzigmann – also war Mallorca natürlich der ideale Ort für die Fotoproduktion dieser FEINSCHMECKER-Rezepte im Crossover-Stil. Und auch dieses Mal war der talentierte junge Koch Patrik Jaros, einst Witzigmanns Nachfolger in der „Aubergine", seine rechte Hand bei der Arbeit.

Die Auswahl der Weine hat erneut Paula Bosch übernommen, die bekannte Sommelière des „Tantris" – keine leichte Aufgabe, da die Roten und Weißen sich auch neben noch so exotischen Aromen behaupten müssen. Zu jedem Rezept sind zwei Weintipps aufgeführt, einer davon für gute Tropfen bis etwa 25 Mark pro Flasche, die zweite Empfehlung ist jeweils deutlich extravaganter. Und bei einigen wenigen Rezepten fand Paula Bosch sogar Liköre optimal als Begleiter.

Folgen Sie Eckart Witzigmann also zu unbeschwerten, farbenfrohen Genüssen – „die Produkte der Welt sind so verlockend wie die Farbenpalette für einen Maler, auch am Herd können kleine Kunstwerke entstehen", sagt er. Viele seiner Rezepte in diesem Buch sind kurz und leicht zu bewältigen (nicht immer selbstverständlich bei seiner sprühenden Fantasie), andere wiederum fordern die etwas Geübteren unter Ihnen heraus.

Die Auswahl jedenfalls ist verführerisch. Meine schönsten Versuchungen? Da wären Krabben-Sticks mit Mango oder süßsauer marinierte Rinderbacken; weiße Auberginen mit Curryrührei oder gebratener Hummer mit Mais und Kokosmilch (siehe Titelbild); kross gebratener Couscous mit Kirschragout und Jogurt oder Granité von grünem Tee mit Orangen-Sabayon und Datteln... Gut möglich, dass manche andere Gerichte dieser Sammlung Ihre schönsten Reise-Erinnerungen wecken!

Madeleine Jakits
Chefredakteurin DER FEINSCHMECKER

Paprikaschoten sind gut zu füllen – etwa mit Couscous (Seite 28)

Frühling

Vorfreude auf die ersten zarten Triebe frischer Kräuter, auf knackige Erbsen und Bohnen, auf thailändisches Zitronengras und Koriandergrün, aber auch auf wilden Spargel aus dem Süden, wo die Sonne schon höher steht

Eckart Witzigmann berät sich mit Stephan Franz, vormals Chefpatissier im Hotel „Adlon", Berlin

Kräftige Aromen für einen asiatisch abgeschmeckten Salat mit Poulardenbrust: Knoblauchknolle, Zitronenblätter, Minze und Koriander

Geflügelsalat

mit Crevetten, Grapefruit und Kokossauce

Schwierigkeitsgrad: leicht, Zubereitungszeit: 45 Minuten

Zutaten für 4 Personen:

0,4 l ungesüßte Kokosmilch, 2 Zitronenblätter, 1 halbierte kleine Knoblauchknolle, 1 Teel. gelbe Currypaste, 2 Teel. Palmzucker, 3 Essl. Fischsauce, 2 Essl. helle Sojasauce, $^1/_2$ Teel. fein geriebener Ingwer, Saft einer Limette, 2 Essl. Tomatenketchup, 1 Msp. Kurkuma, 1 Prise Cayennepfeffer, 2 große Poulardenbrüste mit Haut (je etwa 300 g), Salz, Pfeffer aus der Mühle, Currypulver, 2 Essl. Pflanzenöl, 16 geschälte Crevetten, 2 Essl. Butter, 100 g entkernte, frische Datteln, klein gezupfte Blätter von 1 Kopfsalat, Filets von 2 Grapefruits, 50 g geröstete Kokosraspeln, 1 Essl. frische Minzeblättchen, 1 Essl. Koriandergrün

Anrichten:

Auf 4 Tellern Kopfsalatblätter anrichten. Dattelhälften, Crevetten, Poulardenstreifen und Grapefruitfilets darauf setzen. Mit Kokosraspeln, Minze und Koriander bestreuen und mit der aufgeschlagenen Kokossauce beträufeln.

Kokosmilch aufkochen, Zitronenblätter, Knoblauch und Currypaste zugeben. Mit Palmzucker, Fischsauce und Sojasauce würzen. 10 Minuten köcheln lassen. Mit Ingwer, Limettensaft, Ketchup, Kurkuma und Cayennepfeffer abschmecken. Durch ein Sieb passieren. Auf Eis rühren, bis die Mischung erkaltet ist. Vor dem Servieren die Sauce mit einem Stabmixer aufschlagen. Poulardenbrüste mit Salz, Pfeffer und etwas Curry würzen. In Pflanzenöl etwa 12 Minuten nur auf der Hautseite braten. Dabei wird die Haut knusprig, und das Fleisch bleibt saftig. 2–3 Minuten vor Ende der Garzeit Crevetten und Butter in die Pfanne geben. Mitbraten. Poulardenbrüste der Länge nach in feine Streifen schneiden. Datteln halbieren, die Haut der Früchte mit einem spitzen Messer abziehen.

Weintipps:

∘ 1999er Côte Tariquet, Vin de Pays des Côtes de Gascogne, Domaine du Tariquet, Eauze, Frankreich
∘∘ 1998er Sauvignon blanc, Voss Vineyards, Napa Valley, Kalifornien, USA

Kalbsries-Spieße
mit Zimt und Auberginenpüree

Schwierigkeitsgrad: mittelschwer
Zubereitungszeit: 1 $^{1}/_{2}$ Stunden

Zutaten für 4 Personen:

2 mittelgroße Auberginen, Salz, 8 Essl. Olivenöl extra vergine, weißer Pfeffer aus der Mühle, $^{1}/_{2}$ fein gehackte Knoblauchzehe, 1 fein gehackte Schalotte, 1 Essl. saure Sahne, etwa 1 Teel. Zitronensaft, 1 Msp. Safranfäden, 0,45 l heiße Hühnerbrühe, 200 g Couscous, 12 Zimtstangen von etwa 15 cm Länge, 12 gewässerte und gehäutete Kalbsbries-Röschen (je 40 g), 12 kleine Lorbeerblätter, $^{1}/_{2}$ Teel. fein gehackter Ingwer, 1 Teel. sehr fein gewürfelte rote Paprika, 1 Essl. Butter, 1 in dünne Ringe geschnittene rote Zwiebel

Gute Idee: Die Zimtstangen würzen das Kalbsbries und dienen gleichzeitig als Spieße. Lorbeerblätter werden einfach dazwischengesteckt

Ofen auf 190 Grad vorheizen. Auberginen halbieren, salzen. Wieder zusammensetzen und mit $^{1}/_{2}$ Essl. Olivenöl in Alufolie einwickeln. Etwa 1 Stunde im Ofen garen. Fruchtfleisch mit einem Löffel herauskratzen, mit einem Messer fein hacken. Mit Salz, Pfeffer, Knoblauch, Schalotte, saurer Sahne, Zitronensaft und etwa 1 $^{1}/_{2}$ Essl. Olivenöl abschmecken. Das Püree sollte beim Servieren lauwarm sein. Safranfäden in die Hühnerbrühe geben. Über den Couscous gießen, 30 Minuten quellen lassen. Dann mit Salz und 3 Essl. Olivenöl abschmecken. Warm halten. Auf jede Zimtstange 1 Kalbsbries-Röschen stecken. Je 1 Lorbeerblatt zwischen Zimt und Kalbsbries schieben. Nacheinander in 2 Essl. Olivenöl, Ingwer und Paprikawürfeln wenden. Etwa 30 Minuten ziehen lassen. Restlichen Essl. Olivenöl und Butter in einer Pfanne zerlassen. Kalbsbries-Spieße einlegen und 8–10 Minuten langsam braten. Mit Salz und Pfeffer würzen.

Anrichten:

Couscous in der Mitte von Tellern zu einem Kegel auftürmen. Mit Zwiebelringen umkränzen. In die Zwiebelringe etwas Auberginenpüree löffeln, die Spieße an den Couscous lehnen. Mit dem Bratensatz beträufeln.

Weintipps:

○ 1999er Muscat, Domaine Albert Mann, Wettolsheim, Elsass, Frankreich

○○ 1996er Château Maugey Bordeaux blanc, Jean-Marc Maugey, Bordeaux, Frankreich

Zutaten für 4 Personen:

Saft von 4 reifen Passionsfrüchten (3–4 Essl.), 2 Essl. feiner Champagneressig, etwa 2 Essl. Zucker, Salz, 1 Prise Cayennepfeffer, 2 Essl. Walnussöl, 4 Essl. Olivenöl extra vergine, Saft von 1 Zitrone, 16 Stangen mittelgroßer badischer weißer Spargel (geschält), 2 Essl. Butter, 12 Scampi mit Kopf und Scheren, 1 Stängel Fenchelgrün, 1 Teel. Rosmarinblüten für die Garnitur

Passionsfruchtsaft mit Champagneressig, 1 Teel. Zucker, Salz und Cayennepfeffer verrühren. Walnuss- und Olivenöl langsam einrühren. Passionsfrucht-Vinaigrette beiseite stellen. Spargelkochwasser mit Salz, restlichen 1 $^1/_2$ Essl. Zucker und Zitrone kräftig abschmecken. Spargel darin je nach Dicke 8–10 Minuten kochen, kurz abschrecken. Noch lauwarm in die Vinaigrette einlegen. Etwa 10 Minuten darin marinieren lassen. Butter in einer Pfanne oder Kasserolle erhitzen. Scampi darin bei niedriger Hitze mit Fenchelgrün etwa 5–6 Minuten braten. Scampischwänze behutsam aus den Panzern lösen, Darm entfernen. Köpfe und Scheren nicht abbrechen.

Scampi mit weißem Spargel und Passionsfrucht-Vinaigrette

Schwierigkeitsgrad: leicht, Zubereitungszeit: 45 Minuten

Anrichten:

Auf ovalen Tellern jeweils 3 Scampi und 4 Spargelstangen im Wechsel anordnen. Etwas Vinaigrette über den Spargel gießen. Mit Rosmarinblüten verzieren.

Weintipps:

○ 1999er Covela Branco, Quinta de Covela, Douro, Portugal
○○ 1998er Belontrade y Lurton, Rueda, Spanien

Die Scampi werden mit etwas Fenchelgrün in Butter gebraten. Geschält werden sie erst hinterher – damit sie innen schön saftig bleiben

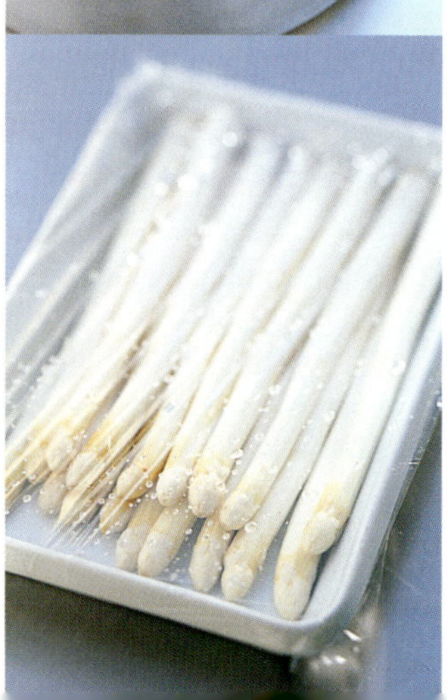

Rosmarinkartoffeln sind mediterran,

das Huhn besticht mit feiner Exotik

Das Rezept fürs Orangenhuhn steht auf der nächsten Seite

Aus den sauber gelösten Filets, dem Saft, der Schale und einem Gelee von Orangen kocht Witzigmann ein Aromakonzentrat für das Huhn

Weintipps:

- 1995er Quinta do Côtto, Grande Escolha, Duoro, Portugal
- •• 1997er Falcoaria Tinto VQPRD, Quinta do Casal Branco, Almeirim, Ribatejo, Portugal

Orangenhuhn

mit Honig und schwarzen Oliven

Schwierigkeitsgrad: leicht
Zubereitungszeit: 1 ¹/₂ Stunden

Zutaten für 4 Personen:

1 großes Bauernhuhn von 1,8 kg, Salz, weißer Pfeffer aus der Mühle, 16 geschälte, kleine fest kochende Kartoffeln (z. B. La Ratte), 16 Rosmarinspitzen, 8 halbierte, dünne Scheiben geräucherter Bauchspeck, Meersalz, grober schwarzer Pfeffer, 1 Essl. Pflanzenöl, 1 Essl. Butter, 2 Essl. Akazienhonig, Saft von 4 Orangen, 2–3 Essl. Grand Marnier, 3 Essl. Orangengelee, dünn geschnittene Schale von 1 Orange (Zesten), Filets von 1 Orange, 12 entkernte frische kalifornische Datteln, 80 g entsteinte kleine Kalamata-Oliven

Huhn in 12 Teile zerlegen. Mit Salz und weißem Pfeffer würzen. Kartoffeln mit je 1 Rosmarinspitze belegen. Mit ¹/₂ Bauchspeckscheibe umwickeln, mit einem Zahnstocher fixieren und mit Meersalz und grobem Pfeffer würzen. In einem Bräter Öl und Butter zerlassen. Hühnerteile mit der Haut nach unten einlegen. Kartoffeln dazwischen setzen. 10 Minuten im Ofen bei 190 Grad garen. Hühnerteile wenden. Mit Honig bestreichen. Hitze auf 170 Grad reduzieren. Bratensatz mehrere Male mit Wasser (insgesamt 0,3 l) ablöschen. Fleisch damit begießen. Etwa 50 Minuten weitergaren. Orangensaft, Grand Marnier, Orangengelee und -schale in einem Topf aufkochen, auf die Hälfte reduzieren. 10 Minuten vor Ende der Garzeit die Reduktion mit Orangenfilets, Datteln und Oliven zum Huhn geben. Geflügelteile noch einmal begießen. Hitze kurz auf 190 Grad erhöhen, damit die Haut knusprig wird.

Anrichten:

Hühnerteile mit Kartoffeln, Datteln und Oliven anrichten. Mit etwas Sauce beträufeln, sofort servieren.

Süßsauer marinierte Rinderbacken mit Bohnen-Zwiebel-Salat

Schwierigkeitsgrad: leicht
Zubereitungszeit: 2 Stunden

Zutaten für 4 Personen:

Rinderbacken:
Zucker, Salz, 1 Schuss Obstessig, 150 g gehackte weiße Zwiebeln, 100 g geputzte Möhren, 1/4 geschälte Sellerieknolle, 2 Stangen in grobe Stücke geschnittener Staudensellerie, 3 frische Rinderbacken (etwa 800 g)

1–1 1/2 l Wasser mit Zucker, Salz und Obstessig kräftig abschmecken. Zum Kochen bringen. Zwiebeln, Möhren, Selleriesorten und Rinderbacken einlegen. Etwa 1 1/2–2 Stunden bei niedriger Hitze kochen. Vor dem Servieren in 1/2 cm dünne Scheiben aufschneiden.

Marinade:
1 Essl. Zucker, 3 Essl. Obstessig, 3 Essl. Erdnussöl, 2 in Streifen geschnittene weiße Zwiebeln, 4 in Scheiben geschnittene Stangen Staudensellerie, je 1 entkernte und in 2 cm dicke Streifen geschnittene rote, gelbe und grüne Paprika, 1 Essl. Tomatenketchup, 5 Essl. Sweet Chili Sauce, 1 Essl. Tomatenfilets, 1 Essl. gezupfte Korianderblättchen, 1/2 in Streifen geschnittene Mango, Salz, Pfeffer aus der Mühle

Bohnen-Schalotten-Salat:
400 g geputzte feine Fadenbohnen, Salz, Pfeffer aus der Mühle, 4 Essl. Olivenöl, 2 fein gewürfelte Schalotten, 1/2 Bund fein gezupfte glatte Petersilie, Filets von 1 Limette

Anrichten:

Bohnensalat auf Tellern anrichten, warme Rinderbackenscheiben auflegen. Mit Marinade begießen.

Zucker in einer Pfanne leicht karamellisieren lassen. Mit Essig ablöschen, Öl zugeben. Zwiebelstreifen, Staudensellerie und Paprikastreifen darin glasig anbraten. Mit Tomatenketchup und Sweet Chili Sauce abschmecken. Vom Herd nehmen. Tomatenfilets, Korianderblättchen und Mangostreifen untermischen. Mit Salz und Pfeffer abschmecken. Die Marinade sollte zum Servieren lauwarm sein.

Bohnen in Salzwasser bissfest kochen, in Eiswasser abschrecken. Salzen, pfeffern. Mit Olivenöl und Schalotten mischen. Petersilie und Limettenfilets unterheben.

Tipp:

Sollten Rinderbacken übrig bleiben: in Streifen schneiden, mit der Marinade mischen und als herzhaften Salat servieren.

Weintipps:

- • 1996er Gotim Bru, Castell del Remei, Costers del Segre, Spanien
- •• 1997er Saffredi IGT, Fattoria Le Pupille, Maremma, Toskana, Italien

Hühnerfleisch-Polpette
mit Gartengurken, Flusskrebsen und Koriander

Schwierigkeitsgrad: mittelschwer, Zubereitungszeit: 1 $^1/_2$ Stunden

Zutaten für 4 Personen:

Flusskrebse:
1 kg mittelgroße Flusskrebse, Salz, 1 Essl. Olivenöl, 60 g Butter, 200 g fein geschnittenes Röstgemüse (Karotten, Stangensellerie, Schalotten), 1 grob gehackte Knoblauchzehe, 1 Lorbeerblatt, 1 Thymianzweig, 1 Teel. Tomatenmark, 2–3 Essl. Cognac, 0,1 l Weißwein, 0,25 l Fischfond, 2 geschälte, halbierte Gartengurken (270 g), 1 Prise Zucker, 1 Essl. rote Pfefferkörner, Blätter von $^1/_2$ Bund Koriander

Für die Polpette – kleine Frikadellen – wird Weißbrot in Milch eingeweicht. Das Aroma von Flusskrebsen passt gut zum Geschmack von Huhn

Polpette:
80 g klein gewürfeltes Weißbrot, 0,14 l lauwarme Milch, 300 g fein gehacktes Hühnerkeulenfleisch, 1 Ei, Salz, weißer Pfeffer aus der Mühle, frisch geriebene Muskatnuss, Butterschmalz zum Braten

Weißbrot in Milch einweichen, etwas ausdrücken. Mit dem Hühnerkeulenfleisch, Ei, Salz, Pfeffer und Muskat zu einem glatten Teig vermischen. Fünfmarkstückgroße Laibe formen. In Butterschmalz von beiden Seiten behutsam goldgelb braten.

Flusskrebse in reichlich Salzwasser etwa 8 Minuten kochen, Schwänze ausbrechen. Darm entfernen, Schwänze mit Kochfond bedeckt aufbewahren. Krebspanzer grob hacken. In Olivenöl und 40 g Butter anrösten. Röstgemüse, Knoblauch, Lorbeer und Thymian zufügen, 3–4 Minuten mitrösten. Tomatenmark unterrühren, 1 Minute mitbraten. Mit Cognac ablöschen und mit Weißwein aufgießen. Alkohol verkochen lassen, Fischfond angießen. Aufkochen und bei niedriger Hitze etwa 15 Minuten köcheln lassen. Durch ein feines Sieb passieren, beiseite stellen. Vor dem Servieren erhitzen. Kerngehäuse aus den Gartengurken herauskratzen. Gurkenhälften in $^1/_2$ cm dünne Scheiben schneiden, in restlichen 20 g Butter anschwitzen, mit Salz und Zucker würzen. Roten Pfeffer zufügen. 3–4 Essl. Krebsfond angießen, Gurken darin 5 Minuten köcheln lassen. Krebsschwänze aus dem Fond heben, zu den Gurken geben und erhitzen. Gezupfte Korianderblätter einstreuen.

Anrichten:

In vorgewärmten tiefen Tellern die Gurken mit Flusskrebsen anrichten. Polpette auflegen, reichlich erhitzte Sauce angießen. Sofort auftragen.

Weintipps:

○ 1996er La Courtade, Porquerolles, Côtes de Provence, Frankreich
○○ 1997er Treana (Marsanne und Viognier), Paso Robles, Kalifornien, USA

Fisch auf chinesische Art

mit Zitronengras aus Thailand

Das Rezept für den frittierten Seehecht steht auf der nächsten Seite

Frittierter Seehecht

mit Zitronengras und Sojamarinade

Schwierigkeitsgrad: leicht, Zubereitungszeit: 30 Minuten

Die Sojamarinade wird erst zum Schluss auf den Seehecht geträufelt – aber eher sparsam, denn ihre Würzkraft hat es in sich

Zutaten für 4 Personen:

8 Essl. helle Sojasauce, 1 Teel. Zucker, 1/2 Teel. fein geriebener Ingwer, 1 gehackte Knoblauchzehe, 1 Essl. Sesamöl, 6 Essl. Erdnussöl, 1 Msp. fein gehackter Ingwer, 2 sehr frische, in sehr feine Ringe geschnittene Zitronengrasstangen, 1/2 Bund grob gehacktes Koriandergrün, 1 in feine Ringe geschnittene frische rote Pfefferschote, Filets von 1 Limette, 150 g gekochte frische Erbsen, 100 g Taschenkrebsfleisch, 2 geschuppte und ausgenommene, kleine Seehechte (je 400–500 g), Mehl zum Bestäuben, Öl zum Frittieren, 1 geputzter Kopfsalat, 4 halbierte Zitronengrasstangen zur Dekoration

Für die Marinade Sojasauce mit Zucker, geriebenem Ingwer und Knoblauch verrühren. Sesamöl, Erdnussöl und gehackten Ingwer einrühren. Zitronengras, Koriandergrün, Pfefferschote, Limettenfilets, Erbsen und Krebsfleisch unterheben. Etwas ziehen lassen. Seehechte waschen, gut abtrocknen. Fischfilets auf beiden Seiten bis zur Mittelgräte im Abstand von 1 cm quer einschneiden. Fisch sorgfältig in Mehl wälzen. Nicht salzen, da er mit der sehr würzigen Marinade serviert wird. In 180 Grad heißem Öl 4–5 Minuten kross frittieren. Auf Küchenpapier abtropfen lassen.

Anrichten:

Kopfsalatblätter auf einer Platte anrichten. Fische auf die Blätter setzen. Mit der Marinade beträufeln, mit halbierten Zitronengrasstangen garnieren. Sofort servieren.

Weintipps:

∘ 1999er Château Bel Air, Naujan-et-Postiac, Entre-Deux-Mers, Bordeaux, Frankreich
∘∘ 1999er Sauvignon blanc, St. Supery Vineyards, Napa Valley, Kalifornien, USA

Niere

im Fettmantel mit Senffrüchten und Wirsing-Cannelloni

Schwierigkeitsgrad: mittelschwer,
Zubereitungszeit: 1 $^1/_2$ Stunden

Zutaten für 4 Personen:

Kalbsnieren:
2 kleine Kalbsnieren im Fettmantel, 2 Essl. Pflanzenöl, 1 Essl. Butter, 10 grob gehackte Wacholderbeeren, 1 Teel. gehackte glatte Petersilie, 2 Essl. fein gehackte Senffrüchte

Kalbsnierenfett um die Nieren herum bis auf eine etwa 1 cm dicke Schicht abschneiden. Nierenausgang mit einem scharfen Messer sorgfältig aus der Niere schneiden. Ofen auf 230 Grad vorheizen. Nieren in einer Kasserolle in Pflanzenöl von beiden Seiten sehr heiß anbraten. Mit der Öffnung nach oben in den heißen Ofen geben und etwa 15 Minuten braten. Das sich in der Öffnung sammelnde Blut mit einem Löffel entfernen. Butter zerlassen. Wacholderbeeren, Petersilie und Senffrüchte darin kurz anschwitzen. Über die kross gebratene Niere geben. Niere in Scheiben schneiden.

Wirsing-Cannelloni:
1 fein gehackte Schalotte, 1 fein gehackte Knoblauchzehe, 1 Essl. gewürfelter geräucherter Bauchspeck, 2 Essl. Butter, 200 g blanchierte, helle, zarte Wirsingstreifen, 0,5 l heller Geflügelfond, Salz, weißer Pfeffer aus der Mühle, frisch geriebene Muskatnuss, 1 Teel. fein gehackte glatte Petersilie, 1 Essl. Crème fraîche, 4 blanchierte, gut geformte, hellgrüne Wirsingblätter

Schalotte, Knoblauch und Speck in $^1/_2$ Essl. Butter anschwitzen. Wirsingstreifen zugeben, mit Geflügelfond aufgießen. Salzen, pfeffern, mit Muskat würzen. Wirsing sehr weich kochen. Petersilie und Crème fraîche einrühren. Weichen Wirsing auf die 4 Blätter verteilen und zu 4 Cannelloni aufrollen. Vor dem Servieren in restlichen 1 $^1/_2$ Essl. Butter rundherum braten.

Senf-Kartoffel-Püree:
300 g heiße, gekochte mehlig kochende Kartoffeln, 60 g kalte Butter, etwa 0,1 l heiße Milch, Salz, frisch geriebene Muskatnuss, 1 Essl. grober Senf

Gut abgedämpfte Kartoffeln durch die Presse drücken. Butter in Stücken mit einem Holzlöffel einrühren. Nach und nach heiße Milch zugeben, bis das Püree geschmeidig ist. Mit Salz, Muskat und Senf abschmecken. Püree auf die halbierten Rotweinzwiebeln türmen.

Rotweinzwiebeln:
2 junge, geschälte weiße, quer halbierte Zwiebeln, 1 Essl. Butter, 1 Lorbeerblatt, 5 schwarze und 10 rote Pfefferkörner, 0,3 l kräftiger Rotwein, 0,15 l roter Portwein, für die Sauce 1 Schuss Rotwein und 1 Essl. kalte Butter

Ofen auf 180 Grad vorheizen. Zwiebeln in einer Sauteuse in Butter von beiden Seiten anschwitzen, sie sollen keine Farbe annehmen. Lorbeer und Pfefferkörner zugeben. Rotwein und Portwein angießen. 20 Minuten im Ofen schmoren lassen. Herausnehmen, warm halten. Für die Sauce 1 Schuss Rotwein in den Fond geben, aufkochen und die Butter zum Binden einrühren.

Anrichten:

Die aufgeschnittenen Nieren, Rotweinzwiebeln, Senf-Kartoffel-Püree und Wirsing-Cannelloni mit etwas heißer Butter auf Teller geben. Rotweinsauce auf die Niere träufeln.

Weintipps:

- • 1998er Merlot, Alois Lageder, Bozen, Südtirol, Italien
- •• 1996er Ispolaia, Fattoria Ispoli, Mercatale, Toskana, Italien

Zutaten für 4 Personen:

Paprikaschoten:

1 Msp. Safranfäden, 0,35 l heiße Hühnerbrühe, 150 g Couscous, 1 Essl. Currypulver, 1 1/2 Teel. Garam Masala, 80 g geröstete Mandelblättchen, 40 g geröstete Pinienkerne, 100 g eingeweichte Rosinen (30 Minuten), 2 Essl. fein gewürfelte Schalotten, Salz, 8 mittelgroße rote, gelbe und grüne Spitzpaprika, 3 Essl. Olivenöl, 5 in der Schale angedrückte Knoblauchzehen, 1 Thymianzweig, 5 Lorbeerblätter, Pfeffer aus der Mühle, 1/2 l Tomatensaft

Chilijogurt:

200 g Schafsmilchjogurt, 4 Essl. Milch, Saft von 1/2 Zitrone, 1 kräftige Prise Cayennepfeffer, 1/2 Teel. edelsüßes Paprikapulver, Salz, 1/2 Bund gezupfte glatte Petersilie für die Garnitur

Safranfäden in die heiße Hühnerbrühe geben. Brühe über den Couscous gießen. Etwa 30 Minuten quellen lassen. Mit Currypulver, 1 Teel. Garam Masala, Mandelblättchen, Pinienkernen, Rosinen, Schalotten und Salz kräftig abschmecken. Backofen auf 180 Grad vorheizen. Paprikaschoten längs aufschneiden, aushöhlen und mit der Mischung behutsam füllen. Gefüllte Paprikaschoten nebeneinander in einen Bratentopf legen. Mit Olivenöl beträufeln. Knoblauch, Thymian, Lorbeer, Salz, Pfeffer und restlichen 1/2 Teel. Garam Masala auf den Paprikaschoten verteilen. Etwa 15 Minuten im Ofen garen. Erhitzten Tomatensaft zugießen, weitere 30 Minuten garen. Zwischendurch die Paprikaschoten behutsam wenden, öfter begießen.

Jogurt, Milch, Zitronensaft, Cayennepfeffer und Paprikapulver miteinander verrühren, mit Salz abschmecken.

Gefüllte Paprikaschoten

mit Couscous und Rosinen

Schwierigkeitsgrad: leicht, Zubereitungszeit: 1 1/2 Stunden

Anrichten:

Paprikaschoten mit etwas Sauce auf 4 Tellern anrichten. Chilijogurt über die Schoten geben. Mit Petersilienblättchen bestreuen.

Weintipps:

◦ 1998er Gailingen Ritterhalde Auxerrois Spätlese trocken, Schloss Rheinburg, Baden

◦◦ 1999er Loibner Loibenberg Grüner Veltliner Smaragd, Freie Weingärtner Wachau, Dürnstein, Österreich

Für die Füllung: indisches Garam Masala, Mittelmeeraromen von Safran und Pinienkernen, dazu – nach arabischer Art – Rosinen

Seewolf, gebettet in Mittelmeersalz,

Das Rezept für den Seewolf steht auf der übernächsten Seite

gefüllt mit kleinen Atlantikmuscheln

Seewolf in der Salzkruste mit Muschelfüllung

Der Seewolf sollte durch die Kiemen, kann aber auch durch die aufgeschnittene Bauchhöhle ausgenommen werden. Dann nach dem Füllen die Bauchlappen gut zustecken!

Zutaten für 4 Personen:

4 Essl. Olivenöl, 1 Essl. fein gehackte Schalotten, 2 Essl. fein gewürfelter Fenchel, 1 fein gehackte Knoblauchzehe, 500 g Bouchot-Muscheln oder andere kleine Miesmuscheln, 5–6 Essl. Weißwein, 60 g geröstete Pinienkerne, 4 entsteinte schwarze Oliven, 1 Teel. gehacktes Fenchelgrün, 2 Essl. gehackter Dill, Salz, weißer Pfeffer aus der Mühle, Saft von 1/2 Zitrone, 1 ungeschuppter, durch die Kiemen ausgenommener Seewolf von etwa 1 kg (am besten vom Fischhändler vorbereiten lassen), 2 Blätter von der Artischockenpflanze (beim Gemüsehändler vorbestellen, ersatzweise Thymianzweige), 3 kg ungereinigtes Meersalz, 2 leicht verquirlte Eiweiß, 100 g Tomatenconcassé (gedünstetes Tomatenfleisch ohne Haut und Kerne), 0,25 l Olivenöl, 1 Teel. Thymianblättchen, grob geschroteter schwarzer Pfeffer, 1 Prise Zucker, für die Garnitur Staudenselleriebblätter und 4 Thymianzweige

Schwierigkeitsgrad: mittelschwer
Zubereitungszeit: 1 1/4 Stunden

2 Essl. Olivenöl erhitzen. Schalotten, Fenchel und Knoblauch darin anschwitzen. Muscheln hinzufügen, mit Weißwein ablöschen. Einen Deckel auflegen. Die Muscheln öffnen sich beim Garen nach etwa 3–4 Minuten. Herausnehmen und aus den Schalen lösen. Zusammen mit Pinienkernen und Oliven mittelfein hacken. Mit Fenchelgrün, Dill und restlichen 2 Essl. Olivenöl mischen. Mit Salz, weißem Pfeffer und Zitronensaft abschmecken. In einen Spritzbeutel geben und den Seewolf durch die Kiemen (oder durch die Bauchöffnung) damit füllen. Seewolf in Artischockenblätter wickeln. Meersalz mit Eiweiß gut vermischen. Seewolf auf einem Backblech in das Salz einpacken. Im vorgeheizten Backofen bei 240 Grad 30–35 Minuten garen. Aus dem Ofen nehmen. Salzkruste (evt. mit einem Hammer) aufklopfen. Fischhaut abziehen. Tomatenconcassé mit Olivenöl mischen. Mit Thymian, schwarzem Pfeffer, Salz und Zucker abschmecken.

Anrichten:

Jeweils etwas Fisch und Füllung auf einem Teller anrichten. Mit Tomatenöl beträufeln. Mit Sellerieblättchen und Thymian garnieren.

Weintipps:

∘ 1998er Verdicchio dei Castelli di Jesi DOC „Tenuta di Tavignano“, Vigneti di Tavignano, Marken, Italien
∘∘ 1997er Meursault Les Genevrières 1er Cru, Bouchard Père et Fils, Côte de Beaune, Frankreich

Gefüllte Poulardenbrust
mit Gambas und Tomaten in Vanille

Schwierigkeitsgrad: mittelschwer, Zubereitungszeit: 1 ¹/₂ Stunden plus Marinierzeiten

Zutaten für 4 Personen:

Vanilletomaten:
400 g Zucker, 3 längs halbierte Vanilleschoten, 3 Sternanis, 1 Teel. Korianderkörner, 1 Teel. schwarze Pfefferkörner, 3–4 Essl. Obstessig, 1 in Scheiben geschnittene unbehandelte Zitrone, 12 gehäutete kleine Flaschentomaten ohne Stielansatz

Zucker und 0,35 l Wasser aufkochen. Vanilleschoten, Sternanis, Koriander und Pfeffer zugeben, etwa 10 Minuten köcheln lassen. Obstessig und Zitronenscheiben hinzufügen, abkühlen lassen. Tomaten mit einer feinen Nadel mehrmals einstechen, in die lauwarme Marinade legen. Mindestens 1 Tag darin ziehen lassen. Vor dem Servieren aus der Marinade nehmen, in einer Pfanne erhitzen, 2–3 Essl. Marinade zugeben und durchschwenken.

Gefüllte Poulardenbrust:
Saft von 1 Limette, 2 Essl. Olivenöl, 1 Essl. grob gehacktes Koriandergrün, 1 Msp. Garam Masala, 4 ausgelöste Poulardenbrüste mit Flügelknochen (etwa 600 g), 12 geschälte kleine Gambas, Salz, weißer Pfeffer aus der Mühle, 2 leicht geschlagene Eiweiß, 200 g japanische Panade (grobe Brösel), Erdnussöl zum Braten

Aus Limettensaft, Olivenöl, Koriandergrün und Garam Masala eine Marinade rühren. Haut der Poulardenbrüste abziehen, Flügelknochen putzen. In die Brüste der Länge nach eine Tasche schneiden. Aufgeklappt in die Marinade legen, Gambas hinzufügen, gut 2 Stunden ziehen lassen. Herausnehmen, abtropfen lassen. Je 3 Gambas in eine Poulardentasche füllen. Mit 2 Zahnstochern verschließen. Salzen, pfeffern. Durch das Eiweiß ziehen und in der Panade wälzen. In reichlich Erdnussöl von beiden Seiten etwa 10 Minuten backen, auf Küchenkrepp abtropfen lassen. Vor dem Servieren jede Brust zweimal aufschneiden.

Abgezogene Tomaten nehmen im Würzsirup die Aromen von Vanille, Sternanis und Koriander auf. Wichtig: Tomaten vorher einstechen!

Weitere Zutaten:
30 g Butter, 250 g geputzte Pfifferlinge, frisch geriebene Muskatnuss, Salz

Butter in einer Pfanne aufschäumen. Pfifferlinge darin 2–3 Minuten dünsten. Mit Muskat und Salz würzen.

Anrichten:

Aufgeschnittene Poulardenbrüste auf Teller geben. Mit je 3 Vanilletomaten und 1 Essl. Pilze umlegen. Mit ¹/₂ Vanilleschote verzieren.

Weintipps:

○ 1999er Untertürkheimer Herzogenberg Grauburgunder Spätlese trocken, Wöhrwag, Württemberg
○○ 1997er Chardonnay „R“ Spätlese trocken, Ökonomierat Rebholz, Siebeldingen, Pfalz

Topfen ist typisch für Österreich,

Crêpes backen die Franzosen

Das Rezept für die soufflierten Crêpes steht auf der nächsten Seite

Nach der Saison für frische Erdbeeren vom Feld können wild wachsende Walderdbeeren genommen werden

Soufflierte Crêpes mit marinierten Erdbeeren

Schwierigkeitsgrad: schwer, Zubereitungszeit: 1 ½ Stunden

Zutaten für 4 Personen:

Passionsfruchtbutter für die Erdbeeren: 50 g Würfelzucker, je 1 heiß abgewaschene und abgetrocknete Zitrone und Orange, 50 g Butter, 5 Essl. Passionsfruchtsaft, 1 Essl. Wodka, ½ Essl. Cointreau, 380 g Erd- oder Walderdbeeren, etwas Puderzucker, Minzeblättchen

Würfelzucker mit allen Seiten an der Zitronen- und Orangenschale reiben. In einem Topf 25 g Butter erhitzen, mit dem Würfelzucker karamellisieren. Zitrone und Orange auspressen. 2 Teel. Zitronensaft und 5 Teel. Orangensaft mit dem Passionsfruchtsaft der Zuckermischung zufügen. Auf ⅓ einkochen. Wodka und Cointreau dazugeben. Restliche Butter (25 g) in Flöckchen mit einem Mixstab einrühren. Kurz vor dem Anrichten Erdbeeren darin schwenken.

Crêpes: 0,13 l zimmerwarme Milch, 3 Essl. Mehl (Typ 405), 1 Ei (Zimmertemperatur), Mark von 1 Vanillestange, abgeriebene Schale von ½ Zitrone, 1 Prise Salz, 3 Essl. abgeschäumte, gebräunte und durch ein Mulltuch gegossene Butter (Nussbutter), etwas geklärte Butter zum Backen

In einer Schüssel Milch und Mehl verrühren, Ei hinzufügen. Vanillemark, Zitronenschale und Salz mit einem Stabmixer einrühren. Nussbutter einlaufen lassen. Etwa 30 Minuten ruhen lassen, den Teig dann durch ein Haarsieb passieren. Pfanne mit geklärter Butter einfetten. Teig in mehreren Portionen hauchdünn in der heißen Pfanne verteilen, fest werden lassen und sofort wenden. So lange backen, bis die Unterseite goldgelb ist. Crêpes bis zur weiteren Verwendung zwischen Backpapier warm aufbewahren.

Soufflémasse: 50 g Topfen (Quark), 0,25 l Milch, 4 Eier, davon 3 getrennt, 75 g Zucker, 15 g helles Pudding- oder Saucenpulver, Mark von 1 Vanilleschote, abgeriebene Schale von 1 Zitrone, 1 Prise Salz, 3 Essl. Butterflöckchen

Topfen in einem Mulltuch gut auspressen. 2 Essl. Milch mit 1 Eigelb, dem ganzen Ei, 45 g Zucker und Puddingpulver verrühren. Restliche Milch mit Vanillemark aufkochen, in die Mischung rühren. Zurück in den Topf geben, einmal aufkochen. In eine Schüssel füllen, sofort abdecken. Abkühlen lassen, mit Topfen vermischen und durch ein Sieb streichen. 150 g Creme abmessen, mit restlichen beiden Eigelb und Zitronenschale verrühren. Eiweiß mit 10 g Zucker und Salz halbfest schlagen, restlichen Zucker (20 g) einrieseln lassen, bis ein fester, cremiger Schnee entstanden ist. Unter die Creme heben. Je 2 gehäufte Essl. der Soufflémasse auf die ausgebreiteten Crêpes geben. Zu einer Tasche zusammenklappen, sodass die Ränder aufeinander liegen. Mit Butterflöckchen belegen. Im Ofen bei 220 Grad 8–9 Minuten backen.

Anrichten:

Crêpes heiß auf Teller geben. Erdbeeren mit etwas Sauce zufügen. Mit Puderzucker bestreuen und mit Minze verzieren.

Weintipps:

∘ 1999er Moscato d'Asti Senza Nome, Braida di Giacomo Bologna, Piemont, Italien

∘∘ 1997er Russian River White Riesling Special Select Late Harvest, Preston Ranch H.S.S., Arrowood Vineyards, Kalifornien, USA

Geschmorte Zickleinschulter mit Zitronen und wildem Spargel

Schwierigkeitsgrad: mittelschwer
Zubereitungszeit: 2 Stunden plus 1 Tag Marinierzeit

Zutaten für 6 Personen:

6 Essl. Olivenöl, je 1 Teel. Fenchelsamen und Kreuzkümmel, $^1/_2$ Teel. weiße Pfefferkörner, 1 Teel. Korianderkörner, $^1/_2$ Teel. Currypulver, 3 Gewürznelken, 1 kleine getrocknete Chilischote, 4 angedrückte Knoblauchzehen, 1 Rosmarinzweig, 3 Lorbeerblätter, 1 in Scheiben geschnittene Zitrone, 3 Sternanis, 2 kleine Zickleinschultern (je 600 g), 2 Essl. Butter, Salz, 300 g geschälte Schalotten, 200 g geputzter Wurzelspinat (am besten italienischer oder türkischer), 1 Bund wilder Spargel (auf Vorbestellung erhältlich, sonst grüner Spargel), 150 g gekühlter Ziegenjogurt

Am Vortag:

5 Essl. Olivenöl in einer Pfanne erhitzen. Fenchelsamen, Kreuzkümmel, Pfeffer- und Korianderkörner darin leicht anrösten. Mit Currypulver, Nelken und Chilischote in einen Mörser geben und grob zerreiben. Mit Knoblauchzehen, Rosmarin, Lorbeerblättern, Zitronenscheiben und Sternanis über die Zickleinschultern geben. 1 Tag marinieren lassen.

Mehr als ein Dutzend Aromen würzen das Zicklein. Wenn kein wilder Spargel erhältlich ist, kann er durch grünen ersetzt werden

1 Essl. Butter in einem Bräter aufschäumen lassen. Zickleinschulter aus der Marinade nehmen, abtrocknen, salzen. Mit den ganzen Schalotten in etwas Marinadeöl im Bräter anbraten, restliche Marinade zufügen und im Ofen bei 170 Grad etwa 1 $^1/_2$ Stunden braten. Darauf achten, dass die Gewürze nicht verbrennen und dadurch bitter werden. Ab und zu den Bratensatz mit etwas Wasser (insgesamt etwa 0,5 l) ablöschen und lösen. Fleisch mit dem Bratensatz begießen. Etwa 10 Minuten vor Ende der Garzeit den Spinat um die Zickleinschultern geben und zusammenfallen lassen. Oberes Drittel der Spargelstangen abbrechen und kurz in kochendem Salzwasser blanchieren. Die Spargelreste werden für dieses Rezept nicht gebraucht. Die Reste von Olivenöl (1 Essl.) und Butter (1 Essl.) in einer Pfanne erhitzen. Spargelspitzen darin kurz schwenken. Über die Zickleinschultern geben.

Anrichten:

Schultern aufschneiden. Auf vorgewärmten Tellern mit Spinat und Spargel anrichten. Etwas Ziegenjogurt auf das Fleisch löffeln. Mit frischem Weißbrot oder Reis servieren.

Weintipps:

∘ 1997er Spätburgunder Weißherbst Spätlese trocken, Knipser, Lammersheim, Pfalz
∘∘ 1998er Ihringer Winklerberg „Mimus“ Spätburgunder trocken, Dr. Heger, Ihringen, Baden

Avocado-Limetten-Mousse mit Jogurt-Minze-Schaum und Himbeeren

Schwierigkeitsgrad: leicht
Zubereitungszeit: 45 Minuten plus Ruhezeit

Zutaten für 4 Personen:

Avocado-Limetten-Mousse:
160 g Avocadofleisch, 3 Essl. Limettensaft, abgeriebene Schale von 1 Limette, 1 Essl. Cognac, 1 $^{1}/_{4}$ Blatt eingeweichte, gut ausgedrückte Gelatine, 50 g Crème fraîche, 3 Eiweiß, 2 Essl. Zucker, 1 Prise Salz, etwas zerlassene Butter zum Ausfetten der Förmchen

Am besten mit dem Handmixer: Avocado mit Limette pürieren. Die schönsten Minzeblätter bleiben für die Dekoration

Avocadofleisch mit Limettensaft und Limettenschale pürieren. Durch ein Sieb streichen. Cognac leicht erwärmen, Gelatine darin auflösen. Etwas Avocadopüree mit Cognac vermischen, zum restlichen Püree geben. Crème fraîche mit einem Schneebesen aufschlagen, unter das Püree mischen. Eiweiß mit Zucker und Salz zu einem cremigen Schnee schlagen. Unter das Püree mischen. Savarinringe von 8 cm Durchmesser mit Butter auspinseln. Avocadomousse mit Hilfe eines Spritzbeutels in die Förmchen füllen. Mindestens 2 Stunden kalt stellen. Vor dem Servieren kurz in heißes Wasser tauchen, stürzen.

Jogurt-Minze-Schaum:
2 Essl. Zitronensaft, 60 g Puderzucker, 1 Essl. Minzeblätter, 200 g Vollmilchjogurt, 30 g Crème fraîche

Zitronensaft mit Puderzucker aufkochen. Minze zufügen, erkalten lassen, durch ein Sieb streichen. Jogurt und Crème fraîche unterrühren. Vor dem Servieren mit einem Mixer aufschlagen, Schaum abschöpfen.

Weitere Zutaten:
1 in dünne Segmente geschnittene Avocado, 1 Teel. Puderzucker, 1 Essl. Butter, 1 Teel. Zitronensaft, Himbeeren und Minzeblätter für die Garnitur

Avocadosegmente mit Puderzucker bestreuen. In einer beschichteten Pfanne karamellisieren. Butter und Zitronensaft hinzufügen, durchschwenken. Herausnehmen und auf einem Teller etwas abkühlen lassen.

Anrichten:

Gestürzte Mousse mit Avocadosegmenten, Himbeeren und Minze garnieren. Jogurt-Minze-Schaum auflöffeln. Eventuell mit gesponnenem Zucker (siehe Tipp) verzieren.

Tipp:

Für gesponnenen Zucker 250 g Zucker und 25 g Glukose (Traubenzucker) mit 0,125 l Wasser kochen, bis die Lösung bernsteinfarben ist. Mit einem Löffel den leicht abgekühlten Karamell mit schnellen Bewegungen quer über einen Holzlöffelstiel ziehen. Die so gesponnenen Zuckerfäden erstarren lassen.

Weintipps:

° 1998er Muscat Canelli, Eberle Winery, Paso Robles, Kalifornien, USA
°° 1998er Riesling Trockenbeerenauslese, Robert Bauer, Flein, Württemberg

Nur Süßkirschen enthalten genug Zucker: Die Früchte baden in Wein, Honig, Likör und Gewürzen. Puddingpulver bindet die Sauce

Kross gebratener Couscous mit Kirschragout und Jogurt

Schwierigkeitsgrad: leicht, Zubereitungszeit: 1 ½ Stunden

Zutaten für 4 Personen:

Kirschragout:
300 g Süßkirschen, 0,2 l Rotwein, 0,2 l Portwein, 0,15 l Cassislikör, 0,1 l Kirschsaft, ½ Vanilleschote, 1 Scheibe Ingwerwurzel, ¼ Zimtstange, 10 g Vanillepuddingpulver, Saft von je 1 Orange und Zitrone, 10 g Honig, 4 Teel. Kirschwasser, 2 Teel. Amaretto

Kirschen entsteinen. Kerne mit Weinen, Cassislikör, Kirschsaft, Vanille, Ingwer und Zimt auf 0,5 l einkochen. Puddingpulver in den Zitrussäften auflösen. In die Kirschsauce einrühren, es soll binden. Durch ein Sieb passieren. Mit Honig, Kirschwasser und Amaretto würzen. Kirschen zufügen.

Couscous:
100 g Butter, 180 g etwa 1 cm große Apfelwürfel, 100 g Zucker, 4 Teel. Zitronensaft, 2 Essl. Calvados, 2 Teel. Amaretto, 0,4 l Apfelsaft, 1 Zimtstange, ½ Vanilleschote, 2 Safranfäden, 200 g grober Couscous, 75 g geröstete Pinienkerne, 250 g Jogurt, für die Dekoration Minzeblätter und Puderzucker

15 g Butter erhitzen. Apfelwürfel darin anschwitzen. 20 g Zucker hinzufügen, hell karamellisieren lassen. Mit Zitronensaft, Calvados und Amaretto ablöschen. Apfelsaft angießen. Zimt, Vanille und Safran einrühren. Einmal aufkochen. In einen weiteren Topf Couscous einstreuen. Apfelfond bei niedriger Hitze unter Rühren nach und nach auf den Couscous gießen, bis die ganze Flüssigkeit aufgenommen ist. Couscous erkalten lassen. 60 g Butter in einer beschichteten Pfanne erhitzen. Restlichen Zucker (80 g) hinzufügen. Couscous darin unter mehrmaligem Wenden 5 Minuten braten. Pinienkerne zum Schluss unterheben. Restliche Butter (25 g) bräunen. Jogurt mit einem Schneebesen glatt rühren.

Anrichten:

Couscous mit Kirschen auf Teller verteilen. Butter aufträufeln, Jogurt anlöffeln. Mit Minze verzieren, Puderzucker aufstäuben.

Getränketipps:

Mirto di Sardegna, Tremontis, Oristano, Sardinien, Italien

Elisir Gambrinus, Liquore di Vino Raboso Piave, Venetien, Italien

Sommer

Heißhunger auf die verschwenderischen Aromen des Südens, den Duft von sonnenreifen Tomaten, Lavendel und Rosmarin, Lust auf pikante Würze von Chilis, frischem Ingwer und Knoblauch

Patrik Jaros, einst Witzigmanns Nachfolger in der legendären Münchner „Aubergine", half bei der Fotoproduktion auf Mallorca tatkräftig mit

Tomatentörtchen

mit Zucchini und Auberginen

Schwierigkeitsgrad: leicht, Zubereitungszeit: 1 Stunde

Kartoffeln, Zucchino und Aubergine in 1 cm dicke Scheiben schneiden. In der Hälfte des Olivenöls von beiden Seiten goldgelb anbraten. Mit Salz, Pfeffer und 1/4 Teel. Fenchelsamen würzen. Tomaten ebenfalls in 1 cm dicke Scheiben schneiden. Kartoffeln, Zucchino, Aubergine und Tomatenscheiben abwechselnd aufeinander schichten, es sollen sich mindestens 8 Törtchen ergeben. Törtchen in einen Bräter setzen, mit restlichem Olivenöl beträufeln und mit Pfeffer bestreuen. Im vorgeheizten Backofen bei 200 Grad 20 Minuten schmoren lassen.

Herzhafte Törtchen: als kleiner Imbiss oder leichte Gemüsevorspeise nach mediterraner Art, verziert mit Knoblauchblüten auf asiatische Weise

Zutaten für 4 Personen:

2 geschälte mehlige Kartoffeln (250 g), 1 großer Zucchino, 1 längliche Aubergine, 0,15 l Olivenöl extra vergine, Salz, grob geschroteter schwarzer Pfeffer, 1/2 Teel. grob gehackter Fenchelsamen, 4 blanchierte und enthäutete Eiertomaten, kross frittierte Basilikumblätter (von 1 Bund), 1 Bund geschlossene Knoblauchblüten mit Stängel

Anrichten:

Jeweils 2 Törtchen auf einen Teller setzen. Mit gesalzenen Basilikumblättern und Knoblauchblüten garnieren.

Weintipps:

• 1998er Syrah Cuvée Prestige, Domaine Saint-Hilaire, Languedoc, Frankreich

•• 1996er Chianti Classico Riserva, Nittardi, Castellina in Chianti, Toskana, Italien

Krabben-Sticks

mit Mango, im Bambuskorb gedämpft

Schwierigkeitsgrad: leicht, Zubereitungszeit: 40 Minuten

Zutaten für 4 Personen:

Kapuzinerkresseblätter und -blüten zum Auslegen von 4 Bambuskörbchen, 250 g Krabbenfleisch aus der Dose, 250 g fein gehackte geschälte Gambas, 2 Eiweiß, 50 g Kokosraspeln, 1/2 Teel. geriebener Ingwer, 1 fein gehackte Knoblauchzehe, 6 Essl. thailändische Fischsauce, Salz, Saft von 2 Limetten, 1 Teel. Palmzucker, 3 fein geschnittene grüne Chilischoten, 1 geschälte und in 8 cm lange Stäbchen geschnittene, nicht zu reife Mango, Kapuzinerkresseblüten als Garnitur

4 Bambuskörbchen mit Kapuzinerkresseblättern und -blüten auslegen. Krabbenfleisch mit einer Gabel fein zerdrücken. Gambas untermischen. Eiweiß unterrühren, bis eine gleichmäßige Masse entstanden ist. Kokosraspeln, Ingwer, Knoblauch und 3 Essl. Fischsauce einrühren. Mit Salz abschmecken. Limettensaft mit Palmzucker verrühren, bis sich der Zucker aufgelöst hat. Restliche 3 Essl. Fischsauce und Chilis zufügen. Abschmecken. Mangostäbchen mit Krabbenmasse umhüllen, auf die Bambuskörbe verteilen. Etwas Limettensauce aufträufeln. 2 Töpfe mit etwas größerem Durchmesser als die Körbchen etwa 2 cm hoch mit Wasser füllen. Zum Kochen bringen. Je 2 Bambuskörbchen übereinander stapeln, mit einem Deckel verschließen. In die Wassertöpfe stellen. Die Zutaten sollen nicht mit dem Wasser in Berührung kommen. Krabben-Sticks etwa 5 Minuten dämpfen.

Anrichten:

Geöffnete Bambuskörbe auf Teller setzen.
Mit Kapuzinerkresseblüten garnieren.
Restliche Limettensauce getrennt dazu reichen.

Weintipps:

○ 1997er Vernaccia di San Gimignano Riserva, La Lastra, Toskana, Italien
○○ 1992er Trebbiano d'Abruzzo, Valentini, Loreto Aprutino, Abruzzen, Italien

Handliche Häppchen nach asiatischem Vorbild: Mit Mangostiften als Einlage bleibt die Krabbenpaste innen schön saftig

Auberginenvielfalt aus den Tropen,

dazu ungarischer Rosenpaprika

Das Rezept für gefüllte weiße Auberginen steht auf der nächsten Seite

Gefüllte weiße Auberginen
mit Curry-Rührei und geröstetem Knoblauch

Schwierigkeitsgrad: mittelschwer, Zubereitungszeit: 1 Stunde

Zutaten für 4 Personen:

8 kleine, runde weiße Auberginen, 4 längliche, hellviolette, etwa 15 cm lange Auberginen, 9 Essl. Olivenöl, Salz, Pfeffer aus der Mühle, 3/8 Teel. Curry, 1 fein gehackte Schalotte, 1 Essl. saure Sahne, 3 abgezogene, in Scheiben geschnittene Knoblauchzehen, 3 geschälte, in Scheiben geschnittene Schalotten, 1 Prise Rosenpaprika, 4 große aufgeschlagene Eier, 1 Essl. Crème fraîche, 2 Essl. Butter, 1 Essl. geschlagene Sahne, glatte Petersilienblätter für die Garnitur

Backofen auf 200 Grad vorheizen. Alle Auberginen mit einem Messer mehrmals einstechen. Auf Alufolie legen, mit 2 Essl. Olivenöl beträufeln, mit Salz bestreuen. Alufolie verschließen und Auberginen im Ofen 30 Minuten backen. Herausnehmen. Von den weißen Auberginen einen Deckel abschneiden, den Fruchtkörper aushöhlen. In eine Pfanne legen, mit Alufolie bedecken und vor dem Füllen im Ofen erhitzen. Das weiße Auberginenfleisch wird nicht mehr benötigt. Von den violetten Auberginen das obere Drittel der Länge nach abschneiden. Fruchtfleisch aushöhlen, grob hacken. Mit 2 Essl. Olivenöl, Salz, Pfeffer, 1/8 Teel. Curry und Schalotten mischen. Mit saurer Sahne abschmecken. In die violetten Auberginen einfüllen. In einen Topf setzen, mit 2 Essl. Olivenöl beträufeln. Vor dem Servieren im Ofen erhitzen. Knoblauchzehen und Schalotten in restlichen 3 Essl. Olivenöl kross rösten. Auf Küchenkrepp abtropfen lassen, mit Rosenpaprika bestäuben. Eier mit Crème fraîche verrühren. Mit 1/4 Teel. Curry und Pfeffer würzen. Butter in einer Pfanne zerlassen, Eier hineingeben. Langsam bei niedriger Hitze zum Stocken bringen, sodass die Eier locker luftig bleiben. Kurz vor dem Stocken salzen, Sahne unterrühren. Sofort vom Herd nehmen und anrichten, da die Eier nachstocken.

Anrichten:

Rühreier in die wieder erwärmten weißen Auberginen füllen. Je 2 weiße in 1 gefüllte violette Aubergine setzen. Mit der Schalotten-Knoblauch-Mischung und Petersilienblättern bestreuen.

Weintipps:

∘ 1998er Oberrotweiler Eichberg Weißer Burgunder Kabinett trocken, Freiherr von Gleichenstein, Baden
∘∘ 1998er Olive Hill Sémillon, Burge Family, Barossa Valley, Australien

Getrockneter Knoblauch ist etwas schärfer im Geschmack als frischer. Er hält sich zwei Monate. Erntefrische Knollen sind rund 14 Tage haltbar

Wie im Pizzaland Italien: Sorgfältig verkneteter Hefeteig wird mit Mehl bestäubt und zugedeckt. Innerhalb einer halben Stunde geht er auf

Pizza mit mariniertem Lachs und Spargel

Schwierigkeitsgrad: leicht
Zubereitungszeit: 1 Stunde

Zutaten für 4 Personen:

Sauce:
2 Essl. Olivenöl, 1 Essl. fein gewürfelte Schalotte, $^1/_2$ gehackte Knoblauchzehe, 250 g gewürfelte Tomaten (ohne Haut und Kerne), Salz, 1 Prise Zucker, schwarzer Pfeffer aus der Mühle

Olivenöl in einem Topf erhitzen. Schalotten und Knoblauch zufügen, nach 1 Minute Tomatenwürfel einrühren. Mit Salz, Zucker und Pfeffer würzen. Etwa 5 Minuten köcheln lassen. Beiseite stellen.

Pizza:
25 g frische Hefe, 450 g Mehl (Typ 405), 1 Prise Salz, etwa 0,25 l lauwarmes Wasser, 1 Ei, 2 Essl. Olivenöl, 200 g in Stücke gezupfter Graved Lachs, 150 g geschälter, gekochter weißer Spargel, 1 Bund Rauke, 150 g Crème fraîche, einige Tropfen Olivenöl, Dillspitzen

Hefe mit etwas Mehl, Salz und etwas Wasser zu einem Vorteig verrühren. 10 Minuten ruhen lassen. Restliches Mehl, Ei, Olivenöl und so viel Wasser zugeben und alles verkneten, bis ein glatter, fester Teig entsteht. Mit einem Tuch abdecken, etwa 30 Minuten ruhen lassen. Teig in 4 Stücke teilen, mit einem Nudelholz zu Fladen mit einem Durchmesser von 15 cm ausrollen. Tomatensauce darauf verteilen. Pizzateig im Ofen bei 210 Grad 12–15 Minuten knusprig backen.

Anrichten:

Aus dem Ofen nehmen. Mit Lachs, Spargel und Rauke belegen. Crème fraîche und Olivenöl darauf verteilen. Mit Dill verzieren.

Weintipps:

∘ 1998er Thieuley blanc sec classique (Weißweincuvée), Château Thieuley, Bordeaux, Frankreich
∘∘ 1997er Tokay Pinot Gris, Réserve personelle, Trimbach, Elsass, Frankreich

Der Trick mit den Tomaten: Je reifer und weicher sie sind, desto leichter trennen sie sich von ihrem Saft. Salz und Zucker helfen beim Abtropfen

Sardinen

in Zitronenmarinade mit Tomatengelee

Schwierigkeitsgrad: mittelschwer, Zubereitungszeit: 1 ½ Stunden plus 2 Stunden Ruhezeit

Zutaten für 4 Personen:

Sardinen:

20 frische, entgrätete Sardinen ohne Kopf, grobes Meersalz, Saft von 2 Zitronen, 6 Essl. Olivenöl extra vergine, schwarzer Pfeffer aus der Mühle, 2 in Streifen geschnittene Lauchzwiebeln, 1 Teel. in sehr feine Streifen geschnittene Zitronenschale

Tomaten:

1 kg grob gehackte, sehr reife Tomaten, 1 Teel. Salz, 1 Essl. Zucker, schwarzer Pfeffer aus der Mühle, 1 Zweig Estragon, 7 Blätter eingeweichte weiße Gelatine, 4 große abgezogene Tomaten, 2 Essl. Sherryessig, 3 Essl. Olivenöl

Sardinen auf einem flachen Teller auslegen. Salzen, mit Zitrone und Olivenöl beträufeln. Pfeffern. Mit Lauchzwiebeln und Zitronenschale bestreuen. Gekühlt marinieren, bis die Tomaten fertig zubereitet sind.

Gehackte Tomaten mit Salz, Zucker und Pfeffer mischen. Estragonzweig zugeben, 1 Stunde ziehen lassen. In ein feines Sieb geben und abtropfen lassen, jedoch nicht drücken, damit der Tomatenfond hell bleibt. Fond auffangen, es sollte sich etwa 0,4 l Flüssigkeit ergeben. 3 Essl. davon erhitzen, ausgedrückte Gelatine darin auflösen. Zum restlichen Fond geben, nochmals abschmecken. Von den abgezogenen Tomaten einen Deckel abschneiden, aushöhlen. Mit Tomatengelee füllen, Deckel wieder aufsetzen. Etwa 2 Stunden kalt stellen. Aus Sherryessig, Salz, Pfeffer und Olivenöl eine Vinaigrette anrühren.

Anrichten:

Gefüllte Tomaten mit Vinaigrette beträufeln, marinierte Sardinen anlegen.

Weintipps:

○ 1999er Vigna Solaria, Velenosi, Marken, Italien
○○ 1999er Tocai friulano Collio, Villa Russiz Superiore, Friaul, Italien

Currysuppe mit Hähnchenkeulen und Kokos

Schwierigkeitsgrad: leicht
Zubereitungszeit: 1 Stunde

Zutaten für 4 Personen:

4 mittelgroße Hähnchenkeulen ohne Haut und Fett, Salz, weißer Pfeffer aus der Mühle, 2 Essl. Butter, 150 g kleine Gemüsewürfel (Karotte, Lauch und Stangensellerie), 1/2 fein gehackte Knoblauchzehe, 1 Teel. Currypulver, 3 Limettenblätter, 1 in dünne Ringe geschnittene grüne Chilischote, 0,2 l Kokosmilch, 0,5 l kräftiger Hühnerfond, 120 g gekochter Basmatireis, 50 g Sahne.
Für die Garnitur:
4 Kokosnusshälften, einige Kokosflocken, etwas Currypulver

Hähnchenkeulen mit Salz und Pfeffer würzen. Butter in einer Kasserolle aufschäumen lassen. Hähnchenkeulen darin etwa 3–4 Minuten von allen Seiten goldgelb anbraten. Gemüsewürfel und Knoblauch hinzufügen, kurz anschwitzen. Mit Curry bestäuben. Limettenblätter und Chiliringe einrühren. Kokosmilch und Hühnerfond angießen, 30 Minuten köcheln lassen. Reis einrühren, weitere 5 Minuten köcheln. Hähnchenkeulen herausnehmen, warm halten. Sahne in die Suppe rühren und aufkochen lassen.

Anrichten:

Hähnchenkeulen in die Kokosnusshälften setzen und mit heißer Suppe übergießen. Kokosflocken und etwas Curry aufstreuen.

Getränketipps:

• 1998er Pinot noir, Gerald Malat, Palt, Kremstal, Österreich

Sherry San León Manzanilla Pasada, Herederos de Argüeso, Sanlúcar de Barrameda, Spanien

Curry, Limettenblätter und Kokosmilch verströmen den Duft thailändischer Küche, da darf die Schärfe von Chilis nicht fehlen

Spaghettini, aber fernöstlich serviert

Das Rezept für Spaghettini mit Zitronengrassugo steht auf der nächsten Seite

mit Garnelen und Zitronengras

Spaghettini mit Zitronengrassugo und sautierten Garnelen

Schwierigkeitsgrad: leicht, Zubereitungszeit: 30 Minuten

Zutaten für 4 Personen:

3–4 Essl. Erdnussöl, 3 sehr fein geschnittene Zitronengrasstangen, 13 frische Limettenblätter, 1 Teel. Tomatenmark, Saft von 2 Zitronen, 0,4 l Geflügelfond, 350 g Spaghettini, 250 g geschälte gekochte oder rohe Garnelen, 3 Essl. kalte Butter, 4 der Länge nach geviertelte Zitronengrasstangen als Garnitur

In einem Topf 2 Essl. Erdnussöl erhitzen. Zitronengrasstangen und 5 Limettenblätter darin anschwitzen. Tomatenmark zugeben, mit Zitronensaft ablöschen. Mit Geflügelfond aufgießen, 10 Minuten köcheln lassen. Spaghettini knapp al dente kochen, abgießen, wieder in ihren Topf zurückgeben. Zitronensauce durch ein Sieb auf die Nudeln geben, restliche 8 Limettenblätter zufügen. Sauce etwas einköcheln lassen. Restliches Erdnussöl (1–2 Essl.) erhitzen, Garnelen etwa 1 Minute darin schwenken, Butter und Garnelen unter die Spaghettini mischen.

Anrichten:

Spaghettini auf tiefe Teller geben. Mit Zitronengrasstangen verzieren.

Tipp:

Die Garnelen können vorher mariniert werden: 500 g gekochte Garnelen ohne Kopf, aber in der Schale in 0,1 l Olivenöl mit 5 ungeschälten angedrückten Knoblauchzehen, 2 in Streifen geschnittenen Limettenblättern und dünn abgeschnittener Zitronenschale 1–2 Stunden ruhen lassen. Schälen und zum Schluss unter die Nudeln mischen.

Weintipps:

• 1996er Chianti Classico, Carobbio, Greve in Chianti, Toskana, Italien
•• 1999er Condrieu Puyvert Saint Cosme, Rhône, Frankreich

Schnelle Küche: Mit unmarinierten Garnelen ist das Gericht in wenigen Minuten zubereitet. Ein Würzbad – Tipp am Rezeptende – braucht Zeit

Schwierigkeitsgrad: leicht, Zubereitungszeit: 1 Stunde

Zutaten für 4 Personen:

1 Kaninchen (etwa 1,4 kg), Salz, weißer Pfeffer aus der Mühle, 2 Essl. Butter, 1 Essl. Pflanzenöl, 3 ungeschälte Knoblauchzehen, 200 g geschälte Perlzwiebeln, 200 g geschälte Schaschlikzwiebeln oder eine andere kleine, milde Zwiebelsorte, 1 Teel. Tomatenmark, 6 große Kardamomkapseln, 5 Lorbeerblätter (nach Möglichkeit frische), 0,25 l trockener Sherry

Kaninchen in 10–12 Teile zerlegen, mit Salz und Pfeffer würzen. In einem Schmortopf Butter und Öl erhitzen, Kaninchenteile darin von allen Seiten anbraten. Ofen auf 200 Grad vorheizen. Knoblauch, Perl- und Schaschlikzwiebeln zum Kaninchen geben, alles etwa 15 Minuten im Ofen braten. Tomatenmark einrühren, Kardamom und Lorbeerblätter zugeben.
Mit Sherry ablöschen, Topf mit einem Deckel verschließen. Weitere 15 Minuten im Ofen schmoren. Eventuell etwas Wasser nachgießen. Mit Salz und Pfeffer abschmecken.

Anrichten:

Auf einer großen Platte mit Duft- oder Safranreis servieren.

Geschmortes Kaninchen in Sherry und Kardamom

Je eine rote, gelbe und grüne Chili bringen Farbe in die Marinade – und noch mehr Schärfe, wenn die Schoten angeschnitten werden

Tipp:

In einer Marinade verbessert sich der Geschmack des Kaninchens: mit 1 in dünne Scheiben geschnittenen Zitrone, je 3 Thymian- und Rosmarinzweigen, 3 Salbeiblättern, 2–3 Chilischoten, 2 angedrückten, ungeschälten Knoblauchzehen in 3 Essl. Olivenöl wenden. 1 Stunde ruhen lassen.

Weintipps:

- • 1997er Cosme Palacio y Hermanos, Bodegas Palacio, Rioja, Spanien
- •• 1997er Condado de Haza, Alejandro Fernández, Roa, Ribera del Duero, Spanien

Für einen exotischen Salat: Mangos und Limetten, die mit ihrer grünen Schale serviert werden – in einer fruchtigen Orangenvinaigrette

Spieß von der Languste mit Mango-Limetten-Salat

Zutaten für 4 Personen:

2 Langusten (je 600 g), 8 kleine Maiskölbchen, Salz, 5 Essl. Olivenöl, Saft von 1 Orange, 1 fein geschnittene, entkernte rote Chilischote, geschroteter schwarzer Pfeffer, 1 Essl. Haselnussöl, $^1/_2$ Bund gehacktes Koriandergrün, 1 kleiner, in mundgerechte Stücke gezupfter Römersalat, 1 reife, geschälte und in Spalten geschnittene Mango, 2 geachtelte Limetten

Anrichten:

Langustenpanzer zur Dekoration auf Teller verteilen. Langustenspieße und Salat zufügen.

Weintipps:

° 1999er Sauvignon blanc „Voglar", Peter Dipoli, Südtirol, Italien
°° 1997er Pouilly-Fumé Pur Sang, Didier Dagueneau, Loire, Frankreich

Schwierigkeitsgrad: leicht
Zubereitungszeit: 30 Minuten

Langusten in kochendes Wasser geben und etwa 1 Minute kochen. Langustenschwänze vom Körper trennen. Bein- und Schwanzfleisch auslösen und die großen Stücke in Medaillons schneiden. Abwechselnd mit den Maiskölbchen auf 4 Holzspieße stecken. Salzen, mit 1 Essl. Olivenöl bestreichen. Langustenspieße unter dem Grill von beiden Seiten bei mittlerer Hitze etwa 5 Minuten grillen. In einer Schüssel Orangensaft mit etwas Salz verrühren, Chilischote und Pfeffer zufügen. Restliche 4 Essl. Olivenöl und das Haselnussöl nach und nach unterrühren. Koriander dazugeben. Römersalat, Mangospalten und Limettenachtel in eine weitere Schüssel geben. Mit der Orangenvinaigrette beträufeln, alles gut mischen.

Lavendeleis duftet nach Provence,

Das Rezept für gebackenen Pfirsich steht auf der übernächsten Seite

Pfirsiche nach Ingwer und Vanille

Gebackener Pfirsich *mit Lavendeleis*

Schwierigkeitsgrad: mittelschwer, Zubereitungszeit: 40 Minuten plus Gefrierzeit

Zutaten für 4 Personen:

Lavendeleis:
85 g Zucker, 1/2 Essl. Honig, 1/2 Vanilleschote, 1 Teel. Lavendelblätter, 1/2 Teel. frische Lavendelblüten, 0,25 l Vollmilch, 250 g Sahne, 1 Ei, 4 Eigelb

50 g Zucker, 3–4 Essl. Wasser und Honig mit der Vanille aufkochen. Lavendel zugeben. Auskühlen lassen, durch ein Sieb gießen. Milch und Sahne aufkochen, den Lavendelsirup zufügen. Ei, Eigelb und restlichen Zucker (35 g) schaumig rühren. Unter Rühren in die heiße Milchmischung geben. Weiterrühren, bis die Masse dicklich wird (zur Rose abziehen). Vom Herd nehmen und unter Rühren abkühlen. In einer Eismaschine oder einem Tiefkühlfach gefrieren lassen.

Gebackener Pfirsich:
4 reife Pfirsiche, 4 mit Butter bestrichene Quadrate Pergamentpapier von 25 cm Kantenlänge, 30 g brauner Zucker, 4 Scheiben frischer Ingwer, 1 quer geviertelte Vanilleschote, 8 kleine Zweige Lavendel, 40 g Mandelstifte, 4 Teel. Honig, 8 Teel. Pfirsichlikör, Vanilleschoten für die Garnitur

Pfirsichsteine mit einer spitzen Zange vom Stielansatz her herauslösen. Pfirsiche blanchieren, Haut abziehen. Je 1 Pfirsich mit der Öffnung nach oben in die Mitte eines Papierquadrates stellen. Mit braunem Zucker bestreuen. In jede Öffnung 1 Scheibe Ingwer, 1 Stück Vanilleschote, 1 Lavendelzweig, 10 g Mandelstifte, 1 Teel. Honig und 2 Teel. Pfirsichlikör geben. Papierränder zu einer Tüte nach oben richten. Mit Küchengarn gut zubinden, damit kein Dampf entweichen kann. Ofen auf 200 Grad vorheizen. Pfirsiche darin 15–20 Minuten garen. Herausnehmen, Papier aufschneiden.

Anrichten:

Pfirsiche mit Lavendeleisnocken servieren. Mit restlichen Lavendelzweigen und Vanilleschoten garnieren.

Weintipps:

○ 1997er Château du Cros, Loupiac, Bordeaux, Frankreich
○○ 1997er Essenzia Vigneti delle Dolomiti, Pojer & Sandri, Faedo, Trentino, Italien

Das Lavendeleis ist so köstlich, dass ein kleiner Vorrat im Tiefkühler griffbereit sein sollte. Die Zutatenmengen können ohne weiteres verdoppelt werden

Vielschichtig: zwischen knusprig umhüllten Seeteufelmedaillons saftige Lagen von exotisch abgeschmecktem Bananen-Ananas-Chutney

Anrichten:

Auf dem marinierten Fenchel Seeteufel abwechselnd mit etwas Chutney aufschichten. Mit Fenchelblüten, gehacktem Grün und mit in Tempurateig gebackenen Salbeiblättern verzieren.

Weintipps:

- ∘ 1998er Bischoffinger Enselberg Weißer Burgunder Spätlese trocken, Weingut Abril, Baden
- ∘∘ 1999er Grüner Veltliner „Ried Lamm“, Schloss Gobelsburg, Langenlois, Österreich

Seeteufel in Tempurateig mit Bananen-Ananas-Chutney

Schwierigkeitsgrad: mittelschwer, Zubereitungszeit: 1 ¹/₂ Stunden

Zutaten für 4 Personen:

Bananen-Ananas-Chutney:
2 Essl. Erdnussöl, 1 fein gewürfelte, mittelgroße Zwiebel, 1 fein gewürfelte junge Knoblauchknolle, 1 Teel. fein gehackter Ingwer, 2 Essl. fein gewürfelte Ananas, 2 Essl. abgezogene, fein gewürfelte Tomaten, ¹/₂ fein gewürfelte Kochbanane, 5 Nelken, ¹/₂ Teel. Korianderkörner, 1 in Stücke geschnittene Kaffirlimette, 2 Lorbeerblätter, 1 kleine, entkernte Chilischote, 2 Essl. Obstessig, 1 Essl. Honig, 2 Essl. Ingwersirup

In einem Topf Erdnussöl erhitzen. Zwiebel, Knoblauch und Ingwer kurz darin anschwitzen. Restliche Zutaten zufügen. Aufkochen und etwa 2 Minuten köcheln lassen. Vom Herd nehmen, etwa 1 Stunde abkühlen und ziehen lassen.

Tempurateig:
80 g Speisestärke, 5 g Backpulver, 5–6 Essl. Eiswasser, 2 halbsteif geschlagene Eiweiß

In einer Schüssel Stärke und Backpulver mischen. Unter Rühren Wasser zugießen. Eiweiß unterheben.

Seeteufel:
2 Fenchelknollen mit Grün und Blüten, Saft von 1 Zitrone, Salz, 2 Essl. Olivenöl, 12 doppelte Seeteufelscheiben (insgesamt etwa 600 g), 1 Teel. Currypulver, Pflanzenöl zum Frittieren, Salbeiblätter zum Verzieren

Fenchelgrün und -blüten abschneiden, beiseite legen. Knollen längs dünn aufscheiden. Auf 4 Tellern auslegen und mit Zitronensaft, Salz und Olivenöl würzen. Seeteufelscheiben mit Salz und Curry würzen. Scheiben durch den Tempurateig ziehen. In 160 Grad heißem Öl goldgelb ausbacken. Auf Küchenpapier abtropfen lassen.

Berg und Meer
von Hähnchen und Garnelen

Schwierigkeitsgrad: mittelschwer, Zubereitungszeit: 1 $^{1}/_{2}$ Stunden

Zutaten für 4 Personen:

Marinade:
4 Essl. Olivenöl, 2 Essl. Honig, 1 Teel. chinesische 5-Gewürz-Mischung, 2 Essl. trockener Sherry, $^{1}/_{2}$ fein gehackte Knoblauchzehe, Saft von 1 Zitrone, Salz, 1 fein geschnittene getrocknete rote Chilischote, 1 Teel. Blätter von glatter Petersilie

Zutaten gut mischen und etwas ziehen lassen.

Hähnchen und Garnelen:
8 entbeinte Hähnchenflügel, 8 geschälte Garnelen mit Schwanzspitze, 8 mittelgroße obere Hähnchenschenkel, 2 geputzte, in 3 mm dicke Streifen geschnittene Kalmare, Öl zum Ausstreichen der Bratform, 250 g frische fest kochende Pellkartoffeln, 4 in feine Streifen geschnittene rote Zwiebeln, Blätter von glatter Petersilie

Hähnchenflügel mit Garnelen füllen, feststecken. Hähnchenkeulen häuten, mit den Kalmarstreifen spicken. Für 30 Minuten in die Marinade legen, dabei mehrmals wenden. Bratform mit Öl ausstreichen. Pellkartoffeln abziehen und mit dem marinierten Geflügel in die Form legen. Im Ofen bei 190 Grad 35–40 Minuten braten. Geflügelteile regelmäßig wenden und mit restlicher Marinade bestreichen.
Aus dem Ofen nehmen und die Zwiebeln aufstreuen.

Anrichten:

In der Form auf den Tisch stellen und mit Petersilie bestreuen.

Weintipps:

• 1997er Regent Qualitätswein trocken, Staatsweingut Weinsberg, Württemberg
•• 1998er Pinot noir, Lenswood Vineyards, Adelaide Hills, Südaustralien

Einfach genial: Die Hähnchenkeulen sind mit Streifen von Kalmaren gespickt. Die Marinade spendiert zusätzliche Würze

Kaktusfeigen haben die Sonne

Das Rezept für Feigen in Sirup und Kaktusfeigensorbet steht auf der übernächsten Seite

Mexikos und Kaliforniens getankt

Frischer Granatapfelsaft aus eigener Herstellung: Die Kerne aus der Frucht löffeln, in ein feines Sieb geben und durchdrücken

Feigen

in Grenadinesirup und Kaktusfeigensorbet

Schwierigkeitsgrad: leicht, Zubereitungszeit: 1 Stunde plus Gefrierzeit

Zutaten für 4 Personen:

Kaktusfeigensorbet:
500 g geschälte Kaktusfeigen (wegen der Stacheln unbedingt mit Handschuhen arbeiten), 30 g Zucker, Saft von 1 Zitrone, 3–4 Essl. Sekt

Feigen in Grenadinesirup:
12 kleine, reife Feigen, 0,2 l frischer Granatapfelsaft (von 4 kleinen Früchten), 0,15 l Grenadinesirup, 3 Essl. Butter, Saft von 1 Zitrone, 100 g Sahne, 0,4 l Mandellikör, evtl. Zuckergitter zum Garnieren

Alle Sorbetzutaten pürieren, durch ein Sieb streichen. In einer Eismaschine oder einem Tiefkühlfach gefrieren lassen. 15 Minuten vor dem Servieren herausnehmen, damit das Sorbet etwas weicher wird.

Feigenhaut mit spitzem Messer abziehen. Granatapfelsaft und Sirup mischen. Feigen für 30 Minuten einlegen, herausnehmen, abtropfen lassen. 1 1/2 Essl. Butter in einer Kasserolle zerlassen. Feigen darin schwenken. Mit Zitronensaft ablöschen. Saft-Sirup-Gemisch aufgießen. Etwas einkochen lassen, restliche 1 1/2 Essl. Butter einschwenken. Sahne mit Mandellikör halbsteif schlagen.

Anrichten:

Feigen mit etwas Saft auf Teller setzen. Mandelsahne zufügen. Nocken vom Kaktusfeigensorbet anlegen. Eventuell mit Zuckergittern verzieren.

Getränketipps:

- Hochheimer Stielweg Riesling Spätlese halbtrocken, Franz Künstler, Rheingau

Kaktusfeigenbrand Acquavite di fichi d'India dell'Etna, Giovi, Sizilien, Italien

Tatar von Kalmaren

in der Rotbarbe

Schwierigkeitsgrad: mittelschwer
Zubereitungszeit: 1 Stunde

Zutaten für 4 Personen:

Pesto:

20 g Basilikumblätter, 10 g glatte Petersilienblätter, 40 g geriebener Parmesan, 25 g Pinienkerne, 6 Essl. Olivenöl, 1 abgezogene, kleine Knoblauchzehe, 2–3 Essl. Milch, Salz, schwarzer Pfeffer, geriebene Muskatnuss, Olivenöl zum Bedecken der Paste

Alle Zutaten pürieren. In ein verschließbares Glas füllen, mit Olivenöl bedecken und kühl stellen.

Aïoli:

1 Eigelb, 1 fein geriebene Knoblauchzehe, 0,1 l Pflanzenöl, Salz, einige Spritzer Zitronensaft

Eigelb, Knoblauch und 1 Teel. lauwarmes Wasser verrühren. Mit einem Stabmixer das Öl einrühren. Mit Salz und Zitronensaft abschmecken. Kalt stellen.

Rotbarben wie kleine Fischerboote: Sie werden durch den Rücken ausgenommen und mit Tatar von Kalmaren gefüllt

Rotbarben:

2 Essl. Olivenöl, 1 Teel. gewürfelte Schalotte, 1/2 fein gehackte Knoblauchzehe, 150 g geputzte, klein gewürfelte Kalmare, 60 g abgezogene, fein gewürfelte Tomaten, 50 g geröstete Weißbrotcroûtons, Salz, weißer Pfeffer aus der Mühle, 4 Rotbarben (beim Fischhändler vom Rücken her entgräten und ausnehmen lassen), Olivenöl zum Ausstreichen der Bratform, je 50 g grüne und schwarze Oliven, einige Basilikumblättchen, frisches Weißbrot

Olivenöl in einer Pfanne erhitzen. Schalotte und Knoblauch darin anschwitzen. Kalmare zufügen, fest werden lassen. Tomatenwürfel und Weißbrot-croûtons untermischen. Salzen, pfeffern. Mit einer Pinzette noch vorhandene Gräten aus den Barben ziehen. Mit Salz und Pfeffer würzen und mit Kalmartatar füllen. Eine Bratform mit Olivenöl einfetten. Rotbarben einlegen und im Ofen bei 210 Grad 8–10 Minuten garen. Während der letzten 2–3 Minuten Oliven und Basilikum mitgaren.

Weintipps:

- ○ 1997er Enate Chardonnay 234, Viñedos y Crianzas del Alto Aragón, Somontano, Spanien
- ○○ 1998er Chardonnay, Rochioli, Russian River, Sonoma County, Kalifornien, USA

Anrichten:

Heiß aus dem Ofen servieren. Dazu Pesto, Aïoli und Weißbrot reichen.

Schwierigkeitsgrad: mittelschwer, Zubereitungszeit: 1 Stunde plus 1 1/2 Stunden Ruhezeit

Zutaten für 4 Personen:

450 g frische Himbeeren, 100 g Puderzucker, 400 g tiefgekühlte, aufgetaute Himbeeren, 6 1/2 Blätter weiße Gelatine, 250 g Quark, 100 g Crème fraîche, Saft von 1 Zitrone, fein geriebene Schale von 1 unbehandelten Orange, 4 Teel. Orangenlikör, 175 g Schlagsahne, 2 Eiweiß, 2 gehäufte Essl. Zucker, 4 karamellisierte Puffreisscheiben von 9 cm Durchmesser (Scheiben in heißem, flüssigem Zucker schwenken), 4 Metallringe von 9 cm Durchmesser, 3 cm hoch, etwas knusprig gebackener Filoteig für die Dekoration, Puderzucker, Minzeblättchen

Frische Himbeeren mit 20 g (2 Essl.) Puderzucker mischen, beiseite stellen. Für das Himbeergelee aufgetaute Himbeeren mit restlichen 80 g Puderzucker im Mixer grob pürieren. In ein feines Sieb geben, Saft auffangen, nicht drücken. 3 Blätter Gelatine einweichen, ausdrücken und in 2 Essl. erhitztem Himbeersaft auflösen. In den restlichen Saft einrühren, beiseite stellen. Quark und Crème fraîche mit Zitronensaft glatt rühren. Orangenschale unterrühren. Restliche 3 1/2 Blätter Gelatine einweichen, ausdrücken und in erhitztem Orangenlikör auflösen. Unter den Quark rühren. Schlagsahne unterheben. Eiweiß mit 1 gehäuften Essl. Zucker halbsteif schlagen, nach und nach restlichen Zucker einrieseln lassen, bis das Eiweiß steif und glänzend ist. Unter die Quarkmasse ziehen. Puffreisscheiben in die Ringe setzen, zur Hälfte mit Quarkcreme auffüllen. Darauf eine dünne Schicht Himbeergelee streichen, mit Quarkcreme abschließen.
1 1/2 Stunden gut durchkühlen lassen.

Anrichten:

Quarkcreme mit den frischen Himbeeren belegen, Ringe entfernen. Ein Stück Filoteig aufstecken, mit Puderzucker bestreuen und mit Minze verzieren.

Cheesecake
mit Himbeeren und Puffreis

Weintipps:

○ Prosecco di Valdobbiadene Frizzante Ruralia, Francesco Drusian, Bigolino, Venetien, Italien
○○ 1997er Burkheimer Schlossgarten Riesling Beerenauslese, Weingut Bercher, Kaiserstuhl, Baden

Für ein gutes Gelingen der fruchtigen Törtchen: Puffreisscheiben mit Metallringen in Form bringen

Herbst

Genüsse für Abende, die wieder länger werden: dampfende Blutwurst, Wildpilze, Äpfel und Maronen, französische Linsen und italienische Borlottibohnen – das Altvertraute zeigt sich mit Curry, Kokos und Garam Masala von ganz neuen Seiten

Wenn viele Aromen im Spiel sind, geht Eckart Witzigmann beim Würzen besonders behutsam vor

Gebratene Jakobsmuscheln mit Apfelsalat und krossen Speckstreifen

Schwierigkeitsgrad: leicht
Zubereitungszeit: 45 Minuten

Zutaten für 4 Personen:

Saft von 1 Zitrone, Salz, 1 Prise Zucker, 1 Teel. grober Senf, 3 Essl. Olivenöl, 300 g feine Streifen von geschälten säuerlichen Äpfeln, 2 in feine Streifen geschnittene Stangen Staudensellerie (100 g), 8 ausgelöste große Jakobsmuscheln, 2 Eiweiß, 8 in kleine Stücke gebrochene Reisblätter, geschmacksneutrales Öl zum Frittieren, 8 dünne, kross gebratene Scheiben Bauchspeck, einige Sellerieblüten, außerdem 4 tiefe Muschelhälften

Zitronensaft mit Salz und Zucker verrühren, bis beides aufgelöst ist. Senf und Olivenöl einrühren. Apfel- und Selleriestreifen untermischen. Ziehen lassen. Muscheln salzen, durch das Eiweiß ziehen und in Reisblätterstückchen wälzen. Darauf achten, dass genügend Reisblätter als Panade haften bleiben. Die Muscheln sollen nach dem Backen stachelig wie Igel aussehen. Nach dem Panieren Muscheln sofort etwa 3 Minuten in Öl frittieren. Auf Küchenpapier abtropfen lassen.

Frisch ausgelöste Jakobsmuscheln sind – im Vergleich zu Tiefkühlware – der wahre Genuss. Der rote Rogen (Corail) wird hier nicht benötigt

Anrichten:

Apfelsalat in die Muschelschalen geben, Jakobsmuscheln darauf setzen. Mit Speck garnieren und mit Sellerieblüten verzieren.

Tipp:

Zum Servieren eine Platte 1–2 cm dick mit Salz bestreuen. Muschelschalen darauf setzen, sie behalten auf dem Salzbett besser die Balance.

Weintipps:

- ○ 1997er Chardonnay Tatschler, Weingut Kollwentz-Römerhof, Großhöflein, Neusiedlersee-Hügelland, Österreich
- ○○ 1997er Chardonnay unfiltered, Newton Vineyard, St. Helena, Napa Valley, Kalifornien, USA

Rote Pfefferkörner sprenkeln die Würzbutter mit Farbtupfen.
Wild wachsender Blutreizker fällt durch seine kräftige Orangefärbung auf

Blutreizker auf gebratenem jungem Knoblauch mit Pfefferbutter

Schwierigkeitsgrad: leicht, Zubereitungszeit: 45 Minuten

Zutaten für 4 Personen:

Pfefferbutter:
125 g Butter, 1 Essl. scharfer Senf, 1 fein gehackte Knoblauchzehe, 2 Essl. grob geschrotete rote Pfefferkörner, ½ Bund fein gehackte Petersilie, Salz

Butter schaumig schlagen. Restliche Zutaten nacheinander gut einrühren. Zugedeckt bei Zimmertemperatur ruhen lassen.

Blutreizker und Knoblauch:
2 Bund junger Knoblauch mit Blüte, 40 g Butter, 1 Essl. Pflanzenöl, Salz, weißer Pfeffer aus der Mühle, 400 g geputzte Blutreizker (oder andere Wildpilze)

Knoblauch in Salzwasser blanchieren, in Eiswasser abschrecken. 20 g Butter und das Pflanzenöl in einer Pfanne erhitzen, Knoblauch darin bei niedriger Hitze andünsten. Mit Salz und Pfeffer würzen. Restliche 20 g Butter in einer beschichteten Pfanne erhitzen, Blutreizker darin kurz braten. Unmittelbar vor dem Servieren 1 Essl. Pfefferbutter untermischen und schmelzen lassen.

Anrichten:

Knoblauch der Länge nach auf einer Platte anordnen. Blutreizker darauf legen. Mit restlicher Pfefferbutter und frischem Bauernbrot oder Weißbrot servieren. Sollte von der Pfefferbutter etwas übrig bleiben: Sie lässt sich gut einfrieren.

Weintipps:

• 1998er Malbec Bodega Terrazas, Winery of Chandon Estates, Mendoza, Argentinien
•• 1998er Crozes-Hermitage Cuvée Louis belle, Albert Belle Père et Fils, Rhône, Frankreich

Linsen und Blutwürste sind Klassiker,

der Curry macht das Duo exotisch

Das Rezept für das Linsencurry steht auf der nächsten Seite

Linsencurry

mit Tomaten und kleinen Blutwürsten

Schwierigkeitsgrad: leicht
Zubereitungszeit: 1 Stunde ohne Einweichzeit

Zutaten für 4 Personen:

6 Essl. Pflanzenöl, 2 fein geschnittene, mittelgroße Zwiebeln (je 40 g), 1 fein gehackte Knoblauchzehe, 1 Teel. Curry, 1 Teel. gemahlener Kreuzkümmel, 1 in Ringe geschnittene, kleine rote Chilischote, 2 Msp. gemahlener Zimt, 350 g eingeweichte und abgetropfte Tellerlinsen, 1 Teel. Tomatenmark, 350 g pürierte Dosentomaten, 3 Lorbeerblätter, 1–2 Fenchelblüten, 0,75 l kräftiger Hühnerfond, 4 ganze Dosentomaten, grobes Salz, schwarzer Pfeffer aus der Mühle, 8 kleine Blutwürste, 1 Msp. Kakao

3 Essl. Pflanzenöl in einer Kasserolle erhitzen. Zwiebeln und Knoblauch darin glasig dünsten. Curry, Kreuzkümmel, Chili und 1 Msp. Zimt mit anschwitzen. Linsen zufügen, Tomatenmark einrühren. Pürierte Tomaten angießen, Lorbeerblätter und Fenchelblüten einlegen, alles gut verrühren. Nach und nach den Hühnerfond angießen, etwa 30–35 Minuten köcheln lassen. Die ganzen Tomaten kurz mitgaren. Fenchel entfernen. Salzen, pfeffern. Restliche 3 Essl. Pflanzenöl erhitzen, Blutwürste darin knusprig braten.
Mit je 1 Msp. Zimt und Kakao bestäuben.

Anrichten:

Linsen und ganze Tomaten auf Teller geben. Blutwürste darauf legen. Mit Bratöl beträufeln und mit Lorbeer verzieren.

Weintipps:

• 1995er Château Dona Baissas,
Vieille Vigne, Jacques Baissas,
Côtes du Roussillon Villages, Frankreich
•• 1998er Rosso di Montalcino,
Siro Pacenti, Toskana, Italien

Gebratene Blutwürste verleihen diesem deftigen Schmaus einen europäischen Akzent. Zimt, Curry und Kreuzkümmel geben ihm eine indische Note

Schwierigkeitsgrad: mittelschwer, Zubereitungszeit: 2 1/2 Stunden plus 1 Nacht Marinier- und Einweichzeit

Zutaten für 4 Personen:

290 g Zucker, 0,6 l Obstessig, 2 geschälte ganze Zwiebeln (60 g), 3 Lorbeerblätter, 5 Gewürznelken, 1 getrocknete Chilischote, 4 Scheiben Rinderbrust mit Knochen (je 300 g), 40 g Schweineschmalz, 160 g fein gewürfelte Zwiebeln, 4 fein gehackte Knoblauchzehen, 2 fein gehackte, frische Chilischoten, 1 Essl. Tomatenmark, 1 Teel. Rosenpaprika, 10 cm geräucherte Speckschwarte, 0,5 l passierte Dosentomaten, 0,25 l Rinderbrühe, Salz

2 l Wasser aufkochen, 250 g Zucker, 0,5 l Obstessig, Zwiebeln, Lorbeer, Nelken und getrocknete Chilischote hinzufügen. 10 Minuten kochen lassen. Rinderbrust einlegen, 15 Minuten weiterköcheln. Vom Herd nehmen. Fleisch über Nacht im Sud auskühlen und marinieren. Restlichen Zucker (40 g) mit 1 Essl. Wasser in einem hohen, verschließbaren Bräter goldgelb karamellisieren lassen. Mit restlichen 0,1 l Obstessig ablöschen. Schweineschmalz zufügen. Zwiebelwürfel und Knoblauch darin glasig anschwitzen. Chilischoten dazugeben. Tomatenmark einrühren, mit Paprika würzen. Speckschwarte einlegen. Tomaten und Rinderbrühe angießen. Marinierte Rinderbrustscheiben einlegen. Im vorgeheizten Backofen bei 190 Grad 1 1/2 Stunden bei geschlossenem Deckel schmoren, gelegentlich das Fleisch wenden. Sauce mit Salz würzen und abschmecken.

Bohnen:

200 g nach Vorschrift eingeweichte Borlottibohnen, 1 Bouquet garni (1 kleine Lauchstange, 1 kleine Karotte, je 1 Petersilienstängel und Thymianzweig), 2 geschälte Schalotten (30 g), 30 g Schweineschmalz, 2 in Ringe geschnittene weiße Zwiebeln (60–70 g), Salz, 1 Prise Zucker, 1 Essl. gehackter Dill

Bohnen mit kaltem Wasser bedecken, Bouquet garni und Schalotten einlegen. Zum Kochen bringen, etwa 30 Minuten köcheln lassen. Die Bohnen sollen gar sein, aber noch Biss haben. Evtl. etwas nachkochen. Bohnen abgießen, abtropfen lassen. Schweineschmalz in einem Topf erhitzen, Zwiebelringe darin glasig dünsten. Mit Salz und Zucker würzen. Bohnen dazugeben, kurz durchschwenken. Mit Dill mischen.

Kokospolenta:

0,25 l Milch, 75 g Maisgrieß (Polenta), Salz, 60 g leicht geröstete Kokosraspeln, 30 g geriebener Parmesan, 40 g kalte Butterflocken, frisch geriebene Kokosraspeln für die Garnitur

Milch und 0,25 l Wasser zum Kochen bringen. Maisgrieß einrühren. Salzen. Geröstete Kokosraspeln zufügen. Unter ständigem Rühren etwa 30 Minuten leise köcheln lassen. Parmesan und kalte Butter unterrühren. Mit frischen Kokosraspeln bestreuen.

Anrichten:

Rinderbrustscheiben mit Sauce auf vorgewärmte Teller geben. Mit Zwiebelbohnen belegen. Kokospolenta daneben setzen.

Weintipps:

- • 1997er Tancredi, Contessa Entelina, Tenuta di Donnafugata, Sizilien, Italien
- •• 1997er Terraferma Merlot del Ticino, Christian Zündel, Beride, Tessin, Schweiz

Rinderbrust, in Barbecue-Sauce geschmort, mit Bohnen und Kokospolenta

Bouchot-Muscheln

mit Fenchel-Curry-Sud und Safran

Schwierigkeitsgrad: leicht, Zubereitungszeit: 45 Minuten

Zutaten für 4 Personen:

2 fein gewürfelte Schalotten (etwa 20 g), 1 kleine, fein gewürfelte Fenchelknolle, 15 g Butter, 1/2 Teel. Curry, 1 Msp. Safranfäden, 4 Teel. Noilly Prat, 0,1 l trockener Weißwein, 0,5 l Fischfond, 1 kg frische Bouchot-Muscheln oder andere kleine Miesmuscheln, 0,1 l Sahne, 2 Essl. Crème fraîche, 40 g kalte Butterflöckchen, 1 Msp. Cayennepfeffer, Salz, einige Petersilienblättchen

Schalotten und Fenchel in der Butter anschwitzen. Mit Curry und Safran bestäuben. Mit Noilly Prat und Weißwein ablöschen, etwas einkochen. Fischfond zugeben und auf die Hälfte einkochen lassen. Küchenfertige Muscheln in den Sud geben. 7–8 Minuten im geschlossenen Topf garen, bis alle Muscheln geöffnet sind. Muscheln herausnehmen, noch geschlossene aussortieren. Den Fond weitere 5 Minuten kräftig kochen lassen. Sahne und Crème fraîche einrühren. Kalte Butter mit einem Mixer einarbeiten. Durch ein Sieb passieren. Mit Cayennepfeffer und Salz abschmecken. Muscheln wieder in den Sud geben.

Anrichten:

Muscheln in tiefe Teller geben und mit Petersilie verzieren. Sofort servieren.

Weintipps:

○ 1998er Chardonnay & Weißburgunder Spätlese trocken, Weingut Knipser, Pfalz
○○ 1997er Carso Malvasia, Edi Kante, S. Pelagio, Friaul, Italien

Die Grundregeln des Muschelkochens: beim Säubern alle deutlich geöffneten Exemplare wegwerfen, nach dem Garen alle, die noch geschlossen sind

Millefeuille von Gänseleber, Maronen und Süßkartoffeln

Schwierigkeitsgrad: leicht, Zubereitungszeit: 1 Stunde

Schalotte und Stangensellerie in Butter anschwitzen. Maronen (4 Stück zurückbehalten), Wacholder, Muskat und Orangenschale zufügen. Mit Orangensaft ablöschen. Geflügelfond angießen, salzen. Zugedeckt 20 Minuten bei niedriger Hitze köcheln lassen. Mit einem Stabmixer pürieren und durch ein feines Sieb streichen. Nochmals abschmecken, dann die Schlagsahne unterziehen. Süßkartoffeln schälen, in sehr dünne Scheiben schneiden. Salzen, in Mehl wälzen. In heißem Öl goldgelb und kross braten. Gänsestopfleber mit Salz und Pfeffer würzen, mit Mehl bestäuben. In einer beschichteten Pfanne in Gänseschmalz von beiden Seiten kurz braten.

So hilft man Maronen aus dem Mantel: Schale rundherum einritzen, bei 220 Grad 10–15 Minuten im Backofen rösten, Schale abziehen

Zutaten für 4 Personen:

1 fein gewürfelte Schalotte, 50 g gewürfelter Stangensellerie, 20 g Butter, 300 g geschälte Maronen, 3 zerdrückte Wacholderbeeren, 1 Prise geriebene Muskatnuss, 1 Msp. geriebene Orangenschale, Saft von 1 Orange, $^1/_2$ l kräftiger Geflügelfond, Salz, 1 Essl. Schlagsahne, 2 mittelgroße, orangefarbene Süßkartoffeln, Mehl zum Panieren, Pflanzenöl zum Braten, 8 kleine Scheiben Gänsestopfleber, weißer Pfeffer aus der Mühle, 1 Essl. Gänseschmalz, 2 Essl. Geflügeljus

Anrichten:

Auf jeden Teller zuerst eine Scheibe Süßkartoffel geben. Darauf eine gebratene Gänsestopfleberscheibe setzen. Einen Teel. Maronenpüree darauf geben. Mit Süßkartoffel, Gänseleber und Maronenpüree fortfahren. Den „Fächer“ mit einer Scheibe Süßkartoffel beenden. Mit Gänsestopfleberfett und Geflügeljus beträufeln. Mit den ganzen Maronen garnieren.

Weintipps:

- 1997er Vall del Calàs, Celler de Capçanes, Tarragona, Spanien
- •• 1995er Anima Negra, Bodega Anima Negra, Pla i Lievant, Mallorca, Spanien

Bastila ist ein Überraschungspaket

Das Rezept für die Bastila steht auf der nächsten Seite

aus dem Orient – hier mit Taube

Bastila

von der Taube mit gebackenem Kürbis

Schwierigkeitsgrad: schwer, Zubereitungszeit: 1 Stunde

Zutaten für 4 Personen:

Kürbis:
400 g gewürfelter Muskatkürbis mit Schale, ohne Kerne, 2 Essl. brauner Zucker, 1 ausgekratzte Vanilleschote und das Mark, je 1 Msp. Nelkenpulver und Muskat, 1 Sternanis, 1 kleines Stückchen Zimtrinde, 20 g Butter

Kürbis mit den anderen Zutaten in Alufolie wickeln. Bei 180 Grad 40 Minuten im Ofen garen. Gelegentlich wenden. Gewürze entfernen. Kürbisfleisch mit einem Löffel von der Schale kratzen. Eventuell in einer Pfanne trocken rösten, es sollte nicht wässrig sein.

Anrichten:

Mit Puderzucker bestreuen und mit Petersilie verzieren. In vier Portionen teilen und sofort servieren.

Weintipps:

- 1995er Barón de Oña Reserva, Torre de Oña, Rioja, Spanien
- •• 1996er Faith Shiraz, St. Hallet, Barossa Valley, Südaustralien

Taube:
1 mittelgroße, fein gehackte Zwiebel, 0,125 l Olivenöl, 1 Zimtstange (3 cm lang), 1/2 Teel. Ingwerpulver, 2–3 Safranfäden, Salz, weißer Pfeffer aus der Mühle, 4 Taubenbrüste mit Haut und Knochen, 3/4 Teel. Zimt, 3 Teel. Orangenblütenwasser, 1 verquirltes Ei, 1–2 Essl. gehackte glatte Petersilie, 1/2 Essl. Zucker, 1 gehäufter Essl. Mandelblätter, etwa 6 Essl. flüssige geklärte Butter, 10 Filoteigblätter, Puderzucker zum Bestäuben, Blätter von glatter Petersilie

Zwiebel in Olivenöl in einer Pfanne hell anschwitzen. Zimt, Ingwer und Safran zufügen. Salzen, pfeffern. 2–3 Essl. Wasser zufügen. Taubenbrüste mit der Hautseite nach unten dazu legen. Deckel auflegen. Bei niedriger Hitze 20 Minuten dünsten. Nach 10 Minuten wenden. Fleisch herausnehmen, Flüssigkeit auf die Hälfte einkochen, abkühlen lassen. Vom Fleisch Haut und Knochen entfernen. Fleisch in feine Streifen zupfen. Mit 1/4 Teel. Zimt und 1 Teel. Orangenblütenwasser vermischen. Das Ei in die reduzierte Flüssigkeit einrühren. Restlichen 1/2 Teel. Zimt, Petersilie, Zucker, restliche 2 Teel. Orangenblütenwasser und die Mandeln zugeben. 1 Essl. geklärte Butter in einer Pfanne erhitzen. Gewürztes Ei hineingeben und alles wie Rührei braten. Alle Filoteigblätter mit geklärter Butter bestreichen, jeweils 2 Blätter aufeinander legen. Einen flachen Teller mit geklärter Butter bepinseln. 3 doppelte Teigblätter rosettenförmig, den Rand überlappend auf einen Teller legen. Gleichmäßig mit Kürbisfleisch bestreichen, den Rand frei lassen. Taubenfleisch in die Mitte geben, Rührei darauf verteilen, mit den restlichen Filoblättern abdecken. Die Blätter so einschlagen, dass ein Päckchen von etwa 18–20 cm Durchmesser entsteht – die Bastila. Rundum mit geklärter Butter bestreichen. Behutsam in eine beschichtete Pfanne gleiten lassen und 3 Minuten von jeder Seite bräunen. Beim Wenden am besten ein Tortenblech zu Hilfe nehmen. Aus der Pfanne auf einen Teller gleiten lassen.

Muskatkürbis ist vielseitig kombinierbar: Sein ausgeprägter Geschmack verträgt auch kräftige Würzaromen

Schwierigkeitsgrad: mittelschwer
Zubereitungszeit: 1 Stunde plus 4 Stunden Ruhezeit

Zutaten für 1 Backblech:

500 g Mehl (Typ 405), 15 g frische Hefe, etwa 0,25 l lauwarmes Wasser, Salz, 1 Ei, 5–6 Essl. Olivenöl extra vergine, 40 g eingeweichte getrocknete Steinpilze, fein geschnitten, Öl zum Einfetten des Backblechs, 200 g eingeweichte, halbierte getrocknete Aprikosen, 10 Lorbeerblätter, 3 Essl. Honig, 1 Essl. Apfelessig, 1 Teel. frische Rosmarinnadeln, grobes Meersalz

Mehl in eine Schüssel sieben. Für den Vorteig eine Mulde in die Mitte drücken, zerbröselte Hefe hineingeben. 2 Essl. Wasser, Salz und etwas Mehl darin vermischen. Zugedeckt 10 Minuten ruhen lassen. Ei, 3–4 Essl. Olivenöl und Steinpilze hinzufügen. Mit dem restlichen Mehl und so viel lauwarmem Wasser verarbeiten, dass ein glatter, weicher Teig entsteht. Zugedeckt 2 Stunden im Kühlschrank gehen lassen. Teig kurz kneten, erneut 2 Stunden gekühlt gehen lassen. Teig auf einem geölten Backblech ausrollen. Mit den Fingern kleine Vertiefungen in den Teig drücken. Aprikosen hineinlegen. Lorbeerblätter auf dem Teig verteilen. Restliches Olivenöl (2 Essl.) mit Honig und Apfelessig mischen. Über den Teig träufeln, Rosmarinnadeln und Meersalz aufstreuen. Im vorgeheizten Backofen bei 230 Grad 20 Minuten backen. Herausnehmen.

Steinpilz-Focaccia mit Aprikosen und Honig

Anrichten:

Auf dem Blech in Portionen schneiden. Lauwarm servieren – am besten zu einer kräftigen italienischen Salami oder einer spanischen Sobrasada.

Weintipps:

- 1998er Rosato del Salento, Rosa del Golfo, Alezio, Apulien, Italien
- •• 1994er Salento Rosso Gratticiaia, Vallone, Lecci, Apulien, Italien

Gebackene Kalmare
in Chilipanade und lauwarmer Tomatensauce

Schwierigkeitsgrad: leicht, Zubereitungszeit: 45 Minuten

Olivenöl in einer Kasserolle erhitzen. Kartoffelwürfel darin anbraten. Schalottenwürfel und Knoblauch zufügen, leicht anschwitzen. Garam Masala, Rosinen, Pinienkerne und alle Tomaten dazugeben.
10 Minuten leicht köcheln. Die Mischung mit Salz, Zucker, Pfeffer und Obstessig kräftig abschmecken. Kalmare mit einem scharfen Messer bis auf 1 cm einschneiden, sodass Ringe entstehen, der Körper aber noch zusammenhält. Gut salzen. Weißbrot, Chili und Rosmarin mixen. Kalmare darin gut panieren. In heißem Öl bei 160 Grad etwa 3 Minuten goldgelb backen. Auf Küchenpapier abtropfen lassen.

Chilis sind sehr scharf – beim Schneiden die Hände schützen. Behutsam dosiert in die Panade mischen und ein Probestück frittieren!

Zutaten für 4 Personen:

4 Essl. Olivenöl, 1 klein gewürfelte, mittelgroße Kartoffel (etwa 75 g), 2 fein gewürfelte Schalotten, 1 gewürfelte Knoblauchzehe, 1 Teel. Garam Masala, 2 Essl. Rosinen, 1 Essl. Pinienkerne, 2 Essl. in Würfel geschnittenes Tomatenfleisch ohne Haut und Kerne, 250 g geschälte Kirschtomaten, Salz, 1 Prise Zucker, schwarzer Pfeffer aus der Mühle, 1 Schuss Obstessig, 4 etwa 15 cm lange, geputzte Kalmare ohne Kopf und Arme, 150 g frisch geriebenes Weißbrot, 3 klein geschnittene getrocknete Chilischoten, 1 Teel. frische Rosmarinnadeln, Pflanzenöl zum Frittieren

Anrichten:

Lauwarme Tomatensauce auf Tellern anrichten. Kalmare darauf setzen. Dazu passen mit Rosmarin geschmorte Zwiebelhälften.

Weintipps:

○ 1997er Sancerre Cuvée Edmonde, Vieilles Vignes, Domaine la Moussière, Loire, Frankreich
○○ 1998er Fransola Sauvignon blanc, Parellada, Miguel Torres, Penedès, Spanien

Rebhuhn auf Quittenscheiben

mit Koriander, Zimt und Sternanis

Das Rebhuhn-Rezept steht auf der nächsten Seite

Rebhuhn mit Schmorquitten und Limettensauce

Schwierigkeitsgrad: mittelschwer, Zubereitungszeit: 1 Stunde

Zutaten für 4 Personen:

2 mittelgroße Quitten, 70 g Zucker, 10 g Butter, Saft von 1 Zitrone, je 10 Koriander- und schwarze Pfefferkörner, 1 Zimtstange, 1 Sternanis, 5 Gewürznelken, 0,2 l Apfelsaft, 0,2 l trockener Weißwein, Saft von 2 Limetten, 5 zerdrückte Wacholderbeeren, fein geschnittene Schale von 1 Limette, 4 Teel. Grand Marnier, 0,1 l Geflügeljus (gelierter Geflügelfond), 4 junge, kleine, küchenfertige Rebhühner, Salz, Pfeffer aus der Mühle, 4 Thymianzweige, 60 g Butterschmalz, 80 g gewürfelter geräucherter Bauchspeck, 8 halbierte große Champignons, Limettenscheiben und Thymian zum Verzieren

Quitten schälen. Aus der Mitte je zwei 3 cm dicke Scheiben schneiden. 30 g Zucker in der Butter leicht karamellisieren. Quittenscheiben darin von beiden Seiten hellgelb glasieren. Mit Zitronensaft ablöschen. Koriander, Pfeffer, Zimt, Sternanis und Gewürznelken zugeben. Mit Apfelsaft und Weißwein aufgießen. 15 Minuten leise köcheln lassen. Quittenscheiben zwischendurch wenden. Herausnehmen, warm halten. Quittenfond durch ein Sieb gießen. Beiseite stellen. Restliche 40 g Zucker hell karamellisieren. Mit Limettensaft ablöschen. Um ein Viertel einkochen. Wacholderbeeren und Limettenschale zugeben. Grand Marnier und 0,1 l Quittenfond angießen, auf die Hälfte einkochen. Geflügeljus angießen, aufkochen lassen. Beiseite stellen. Rebhühner von innen und außen mit Salz und Pfeffer würzen. Je 1 Thymianzweig einlegen. Keulen und Flügel mit Küchengarn zusammenbinden. Backofen auf 190 Grad vorheizen. In einem Bräter 20 g Butterschmalz zerlassen. Rebhühner auf ihren Keulenseiten darin etwa 5 Minuten anbraten. Wenden und in den Ofen schieben. 20 g Butterschmalz und den Speck um die Rebhühner verteilen. Rebhühner 25–30 Minuten braten, dabei öfter mit gelöstem Bratensatz begießen. Rebhühner herausnehmen, Küchengarn entfernen. Auf je 1 Quittenscheibe setzen. Bratenfond und Speckwürfel mit Limettensauce ablöschen, 2–3 Minuten einkochen lassen. Über die Rebhühner geben. Champignons in restlichen 20 g Butterschmalz goldgelb braten. Mit Salz und Pfeffer würzen.

Anrichten:

Gebratene Champignons um die Rebhühner herum anrichten. Mit Limettenscheiben und Thymian garnieren, servieren.

Weintipps:

∘ 1998er Eibelstadter Kapellenberg Grauer Burgunder Kabinett trocken, Schloss Sommerhausen, Franken

∘∘ 1998er Château Smith Haut Lafitte, Pessac-Léognan, Bordeaux, Frankreich

Wenn keine Rebhühner verfügbar sind, lässt sich dieses köstliche Gericht ebenso gut mit Rothühnern (Foto) zubereiten

Spanferkel mit Zimt-Honig-Glasur und gefülltem Apfel

Schwierigkeitsgrad: mittelschwer, Zubereitungszeit: 3 $\frac{1}{2}$ – 4 Stunden

Zutaten für 8–10 Personen:

Gewürzmischung für das Spanferkel:
1 Essl. Kümmel, 2 fein gehackte Knoblauchzehen, 1 Teel. geschroteter schwarzer Pfeffer, fein geschnittene Schale (nur das Gelbe) von $\frac{1}{2}$ Zitrone, 3 Essl. Öl

Alle Zutaten im Mörser zu einer Paste verarbeiten.

Spanferkel:
$\frac{1}{2}$ Spanferkel, etwa 4 kg, Salz, Öl zum Einfetten, 6 Zimtstangen, 15 Gewürznelken, 150 g flüssiger, heller Honig, 1 kg ungeschälte, kleine Kartoffeln, 1 Teel. zerstoßener Kümmel, 5 ungeschälte, kleine Knoblauchzehen, etwa 5 Essl. Öl zum Beträufeln der Kartoffeln

Backofen auf 200 Grad vorheizen. Hirn und Innereien des Spanferkels entfernen. Sehnen an den Gelenken und am Rückgrat mit einem spitzen Messer durchtrennen. Spanferkel auf der Haut- und Fleischseite mit der Gewürzmischung bestreichen und salzen. Mit der Haut nach oben in die gut eingeölte Fettpfanne des Backofens legen. Zimtstangen und Gewürznelken aufstreuen. Während des Garens regelmäßig mit etwas Wasser begießen und mit hellem Honig bestreichen. Darauf achten, dass das Spanferkel nicht zu dunkel wird – Hitze eventuell auf 180 Grad reduzieren. Ohr und Füße zum Schutz gegen die Hitze mit Alufolie abdecken. Nach 2–2 $\frac{1}{2}$ Stunden die Kartoffeln zum Spanferkel geben. Mit Kümmel und Knoblauch bestreuen, Öl aufträufeln. Alles weitere 45 Minuten garen, dabei das Spanferkel immer wieder begießen.

Gefüllter Apfel:
50 g schaumig geschlagene Butter, 80 g leicht geröstete, grob gehackte Mandeln, 50 g in 2 Essl. schwarzem Tee eingeweichte Rosinen, 50 g Briochewürfel, 60 g gewürfeltes Marzipan, 10 kleine, rotschalige Äpfel mit Stiel, Butter zum Einfetten der Ofenform, 1 Essl. Zucker, 1 Essl. Honig, 5 Gewürznelken, 2 Zimtstangen

Für die Apfelfüllung Butter mit Mandeln, Rosinen, Brioche- und Marzipanwürfeln mischen. Oberes Drittel der Äpfel mit anhängendem Stiel abschneiden. Äpfel aushöhlen und mit der vorbereiteten Masse füllen. Deckel wieder aufsetzen. In eine gebutterte Form oder Kasserolle setzen. Mit Zucker bestreuen, mit Honig beträufeln. Gewürznelken und Zimtstangen anlegen. Ofen auf 170 Grad vorheizen. Äpfel 30 Minuten im Ofen garen. Öfter mit eigenem Saft begießen, damit sie schön glänzen.

Zimt, Honig und mit Marzipan gefüllte Äpfel machen das Spanferkel zu einem wahren Festessen. Exotische Aromen werden nur sparsam zum Würzen eingesetzt

Anrichten:

Spanferkel auf einer großen Platte anrichten und mit Kartoffeln und Äpfeln umkränzen.

Weintipps:

∘ 1998er Verdelho, Chestnut Grove, Manjimup, Australien
∘∘ 1999er Grüner Veltliner Rosenberg Reserve, Eduard Ott, Feuersbrunn, Donauland, Österreich

Eckart Witzigmann rührt für den Risotto Vialone nano an. Man kann auch einen anderen guten Rundkornreis verwenden – etwa Arborio

Kalbskarree

mit Kürbis und Limettenrisotto

Schwierigkeitsgrad: leicht, Zubereitungszeit: 2 Stunden

Zutaten für 4 Personen:

Kalbskarree mit Kürbis:
1,2 kg vom Metzger geputztes Kalbskarree (Kalbskotelett am Stück), Salz, weißer Pfeffer aus der Mühle, 30 g Butter, 2 Lorbeerblätter, 1 unbehandelte, in Scheiben geschnittene Zitrone, 3 Essl. Ingwersirup, 100 g Stangenselleriewürfel, 150 g Muskatkürbiswürfel

Kalbskarree mit Salz und Pfeffer würzen. Butter in einem schweren Bratentopf erhitzen, Lorbeerblätter zufügen. Kalbskarree darin von allen Seiten goldgelb anbraten. Fleisch mit Zitronenscheiben umlegen, im vorgeheizten Backofen bei 190 Grad etwa 1 Stunde braten. Wenn die Zitronenscheiben Farbe angenommen haben, Ingwersirup darüber träufeln. Den Bratensatz mit 1–2 Tassen Wasser ablöschen und das Fleisch damit begießen. Sellerie- und Kürbiswürfel um das Fleisch legen und alles weitere 20 Minuten garen. Gemüsewürfel herausnehmen, Fleisch in Scheiben schneiden. Bratensatz durch ein Sieb geben, entfetten, wieder erhitzen.

Risotto:
20 g Butter, 4 Teel. Olivenöl extra vergine, 30 g fein gewürfelte Schalotten, 30 g fein geschnittene Lauchzwiebel, 1/2 Teel. klein gewürfelte Knoblauchzehe, 150 g Vialone nano (Risottoreis), 0,15 l trockener Weißwein, 1 in feine Scheiben geschnittene Limette oder 1 Essl. feine Streifen Limettenschale (Zesten), etwa 0,6 l heißer Geflügelfond, weißer Pfeffer aus der Mühle, frisch geriebene Muskatnuss, 60 g geriebener Parmesan, 20 g eiskalte Butterflocken, 1–2 Essl. Sahne

Butter und Olivenöl in einem Topf erhitzen. Schalottenwürfel, Lauchzwiebel und Knoblauch darin anschwitzen. Reis zufügen, unter Rühren glasig werden lassen. Mit Weißwein ablöschen, verkochen lassen. Limettenscheiben oder Zesten zufügen. Immer wieder so viel Geflügelfond angießen, dass der Reis bedeckt ist. Unter häufigem Rühren etwa 17 Minuten garen. Mit Pfeffer und Muskat abschmecken. Parmesan, Butterflocken und Sahne behutsam unterheben.

Anrichten:

Risotto auf einer Platte anrichten. Kalbskarree mit Gemüsewürfeln belegen, Zitronenscheiben um das Fleisch anrichten. Mit Bratensauce beträufeln.

Weintipps:

∘ 1998er Spätburgunder Weißherbst Spätlese trocken, Weingut Pfeffingen Fuhrmann-Eymael, Bad Dürkheim, Pfalz

∘∘ 1996er Gevrey-Chambertin 1er Cru, Claude Dugat, Côte d'Or, Burgund, Frankreich

Orangen-Schokoladen-Mousse mit geschmorter Birne und Sesam

Schwierigkeitsgrad: mittelschwer,
Zubereitungszeit: 1 ½ Stunden plus Ruhezeit

Zutaten für 4 Personen:

Mousse:
2 Eigelb, 1 Blatt eingeweichte Gelatine, 100 g Valrhona-Milchkuvertüre mit Orangenaroma (ersatzweise Vollmilchkuvertüre plus 1 Schuss Grand Marnier), 25 g Valrhona-Caraïbe oder andere Zartbitterkuvertüre, 5 Teel. gepresster Orangensaft, 1 Essl. Orangenlikör, abgeriebene Schale von ½ Orange, 300 g leicht geschlagene Sahne, mit Puderzucker bestreute Schokoladenspäne

Eigelb auf dem Wasserbad schaumig schlagen, vom Herd nehmen, Gelatine einrühren. Beide Kuvertüren auf dem Wasserbad schmelzen, unter die Eier rühren. Orangensaft, -likör und -schale zufügen. Ein Drittel der Sahne mit einem Schneebesen unterrühren. Den Rest behutsam unterheben. Zugedeckt mindestens 2 Stunden kalt stellen.

Geschmorte Birnen:
200 g Zucker, 0,2 l Weißwein, 200 g Butter, 4 geschälte Birnen mit Stiel, 0,1 l Orangensaft, 1 in Scheiben geschnittene Zitrone, Mark von 1 Vanilleschote, 1 Zimtstange, 2 Nelken, je 1 Essl. schmale Streifen von Orangen- und Zitronenschale, 1 kleines Lorbeerblatt, 3–4 Essl. Birnengeist, geröstete Sesamsamen

Zucker mit Weißwein einkochen, bis ein sehr heller Karamell entsteht. Butter zufügen und rühren, bis der Karamell homogen ist. Birnen einlegen, Saft, Zitrone, Vanille, Zimt, Nelken, Zitrusschalen und Lorbeer zufügen. Im Ofen bei 160 Grad 20–30 Minuten schmoren, bis die Birnen weich sind. Dabei immer wieder mit dem Karamell übergießen. Zum Schluss mit Birnengeist beträufeln.

Anrichten:

Mousse auf Teller geben, Birnen darauf setzen. Schokoladenspäne anlegen und mit Sesam bestreuen.

Weintipps:

○ 1998er Muscat de Beaumes-de-Venise, Domaine de Coyeux, Rhône, Frankreich
○○ Moscato Passito di Pantelleria Bukkuram, Marco de Bartoli, Marsala, Sizilien, Italien

In der Ofenhitze speichert das Fruchtfleisch von makellosen, geschälten Birnen den Duft der Zitrone und aller anderen Gewürze

Bananenstücke schmoren mit Sternanis und Koriander in Karamellbutter, mit Zitronensaft und Bananenlikör wird abgeschmeckt

Anrichten:

Obstragout auf 4 Tellern verteilen. Je 2 Knödel anlegen, Kokoschips aufstecken. Mit Vanilleschaum beträufeln.

Getränketipps:

Frangelico (Haselnusslikör), Barbero, Piemont, Italien

oo 1996er Botrys, Mastrojanni, Toskana, Italien

Tapiokaknödel mit Schokoladenfüllung auf Mango-Bananen-Ragout

Schwierigkeitsgrad: mittelschwer
Zubereitungszeit: 2 Stunden plus Ruhezeiten

Zutaten für 4 Personen:

Tapiokaknödel:
100 g Tapioka, ersatzweise Sago, 0,17 l Milch, 10 g Zucker, 10 g Vanillezucker, Salz, 35 g Butter, 1 Ei, abgeriebene Schale von 1/2 Zitrone, 25 g geriebene Zartbitterkuvertüre, 1 Essl. süße Brösel (Briocheteig), 1 Essl. Nougat, 1 Essl. weiche Butter, geröstete Kokoschips

Obstragout und Sauce:
1 Essl. Zucker, 1 Essl. Butter, 2 Sternanis, 1/2 Teel. Korianderkörner, 2 in dicke Scheiben geschnittene Bananen, 1 Essl. Zitronensaft, 1 Essl. Bananenlikör, 1 1/2 in Würfel geschnittene Mangos, 0,3 l mit dem Mixstab aufgeschäumte Vanillesauce

Tapioka in Milch einrühren, 1 Stunde ruhen lassen. Anschließend Zucker, Vanillezucker, 1 Prise Salz und Butter zufügen. Unter ständigem Rühren zum Kochen bringen und weiterkochen, bis sich die Masse vom Topfboden löst. In eine Schüssel umfüllen, Ei unterrühren, Zitronenschale hinzufügen. Zugedeckt 4–5 Stunden kalt stellen. Für die Füllung Zartbitterkuvertüre mit Bröseln, Nougat und Butter verkneten. 8 haselnussgroße Kugeln formen. Salzwasser zum Kochen bringen, Temperatur etwas reduzieren. Tapiokateig mit angefeuchteten Händen zu 8 Knödeln formen. In die Mitte der Knödel je 1 Schokoladenkugel drücken. 12 Minuten im Wasser garen, es sollte nicht mehr kochen. Mit einem Schaumlöffel herausheben, auf einem Tuch gut abtropfen lassen.

Zucker in einer Pfanne karamellisieren, Butter zufügen. Sternanis, Koriander und Bananen hineingeben, mit Zitronensaft ablöschen. Bananenlikör und Mangowürfel dazugeben, durchschwenken.

Crème brûlée

von Zitronengras mit gebackener Ananas und Zitroneneis

Schwierigkeitsgrad: mittelschwer
Zubereitungszeit: 2 Stunden plus Ruhezeiten

Zutaten für 4 Personen:

Crème brûlée:
175 g Jogurt,
$^{1}/_{2}$ Teel. Speisestärke,
$^{1}/_{2}$ Eiweiß, 90 g Zucker
200 g fein geschnittenes Zitronengras,
0,125 l Milch, Saft von 1 Zitrone, 5 Eigelb,
250 g Sahne,
abgeriebene Schale von 1 Limette, etwa
2 Essl. fein gemahlener brauner Zucker oder Krokant zum Gratinieren

Jogurt in einen Topf geben. Stärke mit etwas Wasser verrühren. Mit dem Eiweiß zum Jogurt geben. Unter ständigem Rühren in einer Richtung zum Kochen bringen. Bei niedriger Hitze etwa 10 Minuten köcheln lassen. Abkühlen lassen, dabei nicht zudecken. In einem weiteren Topf Zucker, Zitronengras, Milch und Zitronensaft unter Rühren zum Kochen bringen. Aufkochen lassen, vom Herd nehmen, auf 40 Grad abkühlen lassen. Gekochten Jogurt, Eigelb, Sahne und Limettenschale zufügen. Mit einem Mixstab gut vermischen. Ziehen lassen, am besten über Nacht. Dann die Masse durch ein Sieb geben. Nochmals mit einem Mixstab verrühren, in 4 feuerfeste Formen oder tiefe Teller geben. In ein Wasserbad stellen. 60–65 Minuten bei 160 Grad im Ofen garen. Gut abkühlen lassen. Die Konsistenz sollte noch weich, nicht schnittfest sein. Vor dem Servieren mit Zucker bestreuen. Oberfläche dicht unter einem sehr heißen Grill (die meisten Haushaltsöfen erreichen nicht die notwendige Hitze) oder mit einem Gasbrenner (aus dem Baumarkt) knusprig bräunen.

Mit der erfrischenden Säure von Zitronengras, Zitronen, Limetten, Ananas und Jogurt ist dieses Dessert ein unwiderstehlicher Muntermacher

Gebackene Ananas:
$^{1}/_{2}$ reife Ananas,
4 Zitronengrasstiele,
150 g Tempurateig,
Öl zum Frittieren,
außerdem 4 Nocken Zitroneneis

Schale und Strunk der Ananas entfernen. Fleisch in 12–16 gleichmäßige Stücke schneiden. Je 3–4 Stücke auf 1 Zitronengrashalm stecken. Zitronengras am Ende mehrfach einschneiden, damit die Ananasstücke nicht herunterrutschen können. Tempurateig nach Packungsangaben zubereiten (Wasser einrühren). Ananasspieße im Teig wenden und in 170–180 Grad heißem Öl ausbacken.

Anrichten:

Ananasspieße und Eisnocken auf die Crème brûlée setzen.

Getränketipps:

Liquore Limoncino Sa Bresca Dorada (Zitronenlikör), Sardinien, Italien

oo 1998er Grüner Veltliner Auslese, Bernhard Ott, Feuersbrunn, Donauland, Österreich

Winter

Hochstimmung kommt an einer gedeckten Tafel ganz von selbst auf – bei Hummer und Jakobsmuscheln, Fasanenrillettes und Lammkarree, mal begleitet von Mango oder Datteln, mal von Rosenkohl oder Macadamianüssen

Wann immer Eckart Witzigmann Gelegenheit hat, notiert er seine Inspirationen für neue Rezepte

Crevetten-Chili
mit Reistortillas und roten Bohnen

Schwierigkeitsgrad: leicht, Zubereitungszeit: 1 Stunde plus 1 Nacht Ruhezeit

Zutaten für 4 Personen:

60 g Basmatireis, 40 g grüne Linsen, 100 g Jogurt, Salz, Pflanzenöl zum Braten, 6 Essl. Olivenöl, 80 g fein gewürfelte weiße Zwiebel, 80 g fein gewürfelte rote Paprikaschote, 60 g fein gewürfelter Stangensellerie, 1 Teel. Ingwer in dünnen Scheiben, 2 fein gehackte Knoblauchzehen, 1 Teel. Tomatenmark, 120 g gekochte rote Bohnen, 0,4 l Krustentierfond, 250 g kleine Crevetten in der Schale, 300 g ausgelöste, geputzte und halbierte kleine Langostinos, je 1 rote und grüne Chilischote, Stangensellerieblätter und frischer Koriander zum Verzieren

Reis mit Linsen mischen, waschen, in ein hohes Gefäß geben und mit 0,13 l (8–9 Essl.) Wasser, Jogurt und 1 Prise Salz mischen. Über Nacht quellen lassen. Am nächsten Tag im Mixer pürieren, bis eine zähflüssige Masse entstanden ist. In einer beschichteten Pfanne etwas Pflanzenöl erhitzen. Tortillamasse im Durchmesser von 10 cm dünn hineinlöffeln und auf beiden Seiten in etwa 10 Minuten knusprig braten. 3 Essl. Olivenöl erhitzen. Nach und nach Zwiebel, Paprika, Stangensellerie, Ingwer und Knoblauch zufügen und anschwitzen. Tomatenmark zugeben, kurz mitrösten. Rote Bohnen einrühren, mit Krustentierfond aufgießen. Etwa 15 Minuten sanft köcheln. Crevetten waschen, mit Küchenkrepp trocken tupfen. Restliche 3 Essl. Olivenöl in einer beschichteten Pfanne erhitzen. Crevetten, Langostinos und ganze Chilischoten etwa 1 Minute braten. Bohnensauce auf die Krustentiere gießen und kurz aufkochen lassen. Sofort servieren.

Anrichten:

Chili in tiefe Teller oder Schälchen geben. Mit Sellerie- und Korianderblättern garnieren. Dazu die Tortillas reichen.

Weintipps:

• 1998er Malterdinger Bienenberg
Spätburgunder trocken, Bernhard Huber, Baden
•• 1997er Savigny-Lès-Beaune 1er Cru „Aux Vergelesses“, Domaine Simon Bize, Burgund, Frankreich

Chilischoten, kleine rote und grüne Gewürzpfefferschoten, würzen den pikant-scharfen mexikanischen Eintopf – genannt Chili

Knoblauchblüten aus Asiens Gärten,

Das Rezept für gebratenen Hummer steht auf der übernächsten Seite

Hummer aus den Tiefen der Nordmeere

Dieses Gericht verträgt eine Nuance mehr Schärfe. Am besten ganze Chilis mitkochen – sie geben ihr Aroma langsamer ab als geschnittene Schoten

Schwierigkeitsgrad: leicht,
Zubereitungszeit: 45 Minuten

Zutaten für 4 Personen:

2 lebende Hummer (je 500 g), 2–3 Essl. Erdnussöl, 100 g halbierte, kleine Maiskölbchen (Dose), 1 Teel. Palmzucker, 1 Teel. rote Currypaste, 5 Essl. thailändische Fischsauce, 0,5 l ungesüßte Kokosmilch, 8 Kaffirlimetten-Blätter, 1 Essl. Butter, 60 g gekochte Maiskörner, 1 Prise Zucker, Salz, Knoblauchblüten oder blühender Lauch für die Garnitur

Hummer mit dem Kopf voran für etwa 15 Sekunden in sprudelnd kochendes Wasser geben. Herausnehmen, Scheren abtrennen. Die Scheren weitere fünf Minuten kochen, herausnehmen. Sofort aus der Schale brechen, warm stellen. Hummerschwanz vom Körper trennen, zwischen den Gelenkstücken in fünf Medaillons zerschneiden. Magen und Darm entfernen. Körper längs vierteln, Öl in einem Wok oder in einer Pfanne mit hohem Rand erhitzen. Hummerstücke nach und nach darin anbraten. Herausnehmen, beiseite stellen. Maiskolben in den Wok geben, kurz und scharf anbraten, zu den Hummerstücken legen. Palmzucker im Bratensatz auflösen, Currypaste darin kurz anschwitzen. Mit Fischsauce ablöschen und mit Kokosmilch aufgießen. Kaffirlimetten-Blätter zugeben. Etwa 15 Minuten einkochen lassen, es soll eine sahnige Konsistenz entstehen. Hummerstücke und Maiskölbchen hinzufügen, heiß werden lassen. Butter schmelzen, Maiskörner darin schwenken. Mit Zucker glasieren und mit Salz würzen.

Gebratener Hummer
mit Mais und Kokosmilch

Anrichten:

Hummerscheren und -stücke in Schalen verteilen und die Sauce zufügen. Mit Maiskörnern garnieren und mit Lauch verzieren.

Weintipps:

○ Franciacorta Bellavista Cuvée Brut, Italien
○○ Champagne „Origine“, Jacques Selosse, Avize, Frankreich

Im Birnensüppchen mit Glasnudeln

schwimmen frische Jakobsmuscheln

Das Rezept für die Erbsen-Birnen-Suppe steht auf der nächsten Seite

Anstelle von frischen Erbsen kann die Suppe auch mit Tiefkühlgemüse zubereitet werden. Ausgelaugte Konservenware jedoch meiden!

Erbsen-Birnen-Suppe

mit Reisnudeln und Jakobsmuscheln

Schwierigkeitsgrad: leicht, Zubereitungszeit: 45 Minuten

Zutaten für 4 Personen:

2 Essl. Butter, 30 g fein geschnittene Lauchzwiebeln, 300 g frisch ausgepalte Erbsen (oder TK-Erbsen), 1 klein gewürfelte, geschälte, reife Williamsbirne (200 g), Salz, weißer Pfeffer aus der Mühle, frisch geriebene Muskatnuss, 0,75 l heller Geflügelfond, 50 g geputzte, kleine Kaiserschoten, 1 Prise Zucker, 1 Teel. grob gehackter Kerbel, 60 g dünn geschnittene Speckstreifen, 12 ausgelöste, frische Jakobsmuscheln mit Corail (Rogen), 100 g gekochte, dünne Reisnudeln, Basilikum zum Verzieren

1 Essl. Butter erhitzen, 20 g Lauchzwiebeln darin anschwitzen. 250 g Erbsen und gewürfelte Birne dazugeben. Mit Salz, Pfeffer und Muskat würzen. Geflügelfond angießen. 10 Minuten sanft köcheln lassen. Mit einem Stabmixer grob mixen, nicht passieren. Den zweiten Essl. Butter zerlassen. Kaiserschoten, restliche Lauchzwiebeln (10 g) und restliche Erbsen (50 g) darin anschwitzen. Salzen und zuckern, Kerbel unterheben. Beiseite stellen. In einer Pfanne die Speckstreifen auslassen, an den Pfannenrand schieben. In der Mitte die Jakobsmuscheln von beiden Seiten drei Minuten braten, behutsam salzen.

Anrichten:

In vier vorgewärmten Suppentellern Gemüse und Reisnudeln anrichten, mit Suppe bedecken. Jakobsmuscheln, etwas Corail und Speckstreifen darauf setzen. Mit Basilikum verzieren.

Weintipps:

° 1998er Weißburgunder Spätlese trocken, Hermann Dönnhoff, Oberhausen, Nahe
°° 1998er Weißer Burgunder und Chardonnay Tafelwein, Karl Heinz Johner, Baden

Rillettes vom Fasan

Schwierigkeitsgrad: schwer, Zubereitungszeit: 2 Stunden plus 1 Nacht Ruhezeit

Zutaten für etwa 850 g:

1 bratfertiger Fasan (etwa 1,1 kg), Salz, Pfeffer aus der Mühle, 9 Wacholderbeeren, 2 Thymianzweige, 1 Lorbeerblatt, 100 g gewürfelter mildgeräucherter Bauchspeck, je 50 g Knollensellerie und Petersilienwurzel in 1 $^1/_2$ cm großen Würfeln, 3 gewürfelte Schalotten oder 2 gewürfelte kleine Zwiebeln (40 g), 1 Majoranzweig, 1 Salbeiblatt, 1 abgezogene Knoblauchzehe, je 3–4 Essl. Cream Sherry und Madeira, 0,25 l Weißwein, 0,1 l brauner Wildfond, 100 g Apfel in $^1/_2$ cm großen Würfeln, am besten Cox Orange, 1 Teel. Butter, 1 Msp. gemahlener Koriander, 100 g Gänseleberparfait (als Fertigprodukt im Feinkostgeschäft erhältlich), 100 g gewürfelte frische Gänseleber, 1 Essl. Gänseschmalz, 1 Prise geriebene Muskatnuss, 2 Teel. Cognac, 50 g Sultaninen, 3–4 Essl. Sauternes (oder ein anderer frz. weißer Süßwein), 3–4 Essl. Geflügeljus, 1 Essl. eingekochter Portwein, zum Anrichten: frittierte, dünne Schwarzwurzelstreifen, geröstetes Weißbrot, das mit einer Mischung aus Honig und frisch geriebenem Ingwer bestrichen wurde, sowie glasierte Maronen und Trüffelscheiben, die in gesalzener Butter erwärmt und mit etwas Madeira abgeschmeckt wurden

Fasan innen und außen salzen und pfeffern. Mit 3 zerdrückten Wacholderbeeren, 1 Thymianzweig und 1 Lorbeerblatt füllen. In einem gusseisernen Topf den Speck glasig dünsten. Den Fasan darin auf jeder Keulenseite 5 Minuten anbraten. Knollensellerie, Petersilienwurzel und Schalotten zufügen. Mit Alufolie sorgfältig verschließen und im Backofen bei 220 Grad etwa 25 Minuten garen. Restliche 6 Wacholderbeeren, restlichen Thymianzweig, Majoranzweig, Salbeiblatt und Knoblauch hinzufügen. Sherry, Madeira, Weißwein und Wildfond angießen und in etwa 15 Minuten weich schmoren. Fasan herausnehmen. Etwas abkühlen lassen, die Haut abziehen, das Fleisch vom Knochen lösen und in Fasern zupfen. Garfond abgießen und auf $^2/_3$ der Menge einkochen. $^2/_3$ des Gemüses, des Specks und den reduzierten Fond mit dem Fleisch portionsweise für jeweils 7 Sekunden in den Mixer geben. Dabei nicht zu fein zerkleinern, die faserige Struktur soll erhalten bleiben. Abkühlen lassen. Apfelwürfel in Butter leicht bräunen und mit Koriander würzen. Abkühlen lassen, zum Fleisch geben. Gänseleberparfait durch ein Sieb streichen, unter die Fleischmasse heben. Gänseleber in Gänseschmalz etwa 1 Minute scharf anbraten, fein würfeln. Mit Salz, Pfeffer, Muskat und Cognac würzen. Gut abkühlen lassen. Mit dem Fett (Bratensatz) zur Fasanmasse geben. Sultaninen in Sauternes aufkochen und einkochen, bis die Beeren völlig trocken sind. Abkühlen lassen. Große Sultaninen halbieren. Geflügeljus und Portwein erhitzen, in eine flache Schale gießen, erstarren lassen und in $^1/_2$ cm große Würfel schneiden. Sultaninen und Portweingelee behutsam und locker mit dem Fleisch vermengen. Über Nacht kalt stellen.

Anrichten:

Rillettes in Scheiben schneiden und auf Teller schichten. Mit Schwarzwurzeln, Ingwerbrot und Maronen servieren. Trüffelscheiben zufügen.

Weintipps:

• 1998er Dornfelder QbA trocken, Herbert Messmer, Burrweiler, Pfalz
•• 1998er Savigny-Lès-Beaune Les Serpentières 1er Cru, Domaine Maurice Ecard, Burgund, Frankreich

So kommt das Kaninchen auf den Geschmack: Safran und Thymian dominieren in der Marinade, Petersilie und Fenchel im Schmorsud

Kaninchen à la Bouillabaisse mit Kartoffeln

Schwierigkeitsgrad: leicht, Zubereitungszeit: 1 Stunde plus 1 Nacht Marinierzeit

Zutaten für 4 Personen:

1 Kaninchen von 1,4 kg (in 12 Teile geteilt), 2 Msp. Safranfäden, 4 Thymianzweige, schwarzer Pfeffer aus der Mühle, 3 ungeschälte, angedrückte Knoblauchzehen, 3 Lorbeerblätter, 6 Essl. Olivenöl, Salz, 250 g geschälte, in Scheiben geschnittene Zwiebeln, 1 in Streifen geschnittene Fenchelknolle, 1 Bund Petersilienstängel, 1 Teel. Tomatenmark, 300 g geschälte, entkernte Tomatenviertel, 400 g geschälte, in 1/2 cm dicke Scheiben geschnittene, mehlig kochende Kartoffeln, 1,5 l Geflügel- oder Kalbsfond, 8 Essl. Sauce Rouille (aufgeschlagen mit Knoblauch, Salz, roten Pfefferschoten, süßem Paprikapulver, Paniermehl und Olivenöl), 4 Scheiben getoastetes Baguette, Thymian zum Verzieren

Kaninchenstücke mit 1 Msp. Safran, Thymianzweigen, Pfeffer, Knoblauch, Lorbeer und 4 Essl. Olivenöl über Nacht marinieren. In einem hohen Schmortopf restliche 2 Essl. Olivenöl erhitzen. Kaninchen aus der Marinade nehmen, salzen, rundum anbraten. Herausnehmen. Zwiebel und Fenchel in den Topf geben und leicht andünsten. Petersilie, restliche Msp. Safran und Tomatenmark zufügen, verrühren. Fleisch auf die Zwiebelscheiben setzen, darauf die Tomatenviertel verteilen. Mit den Kartoffeln abdecken. Fond angießen. Topf mit einem Deckel verschließen und für 30 Minuten in den auf 190 Grad vorgeheizten Backofen schieben. Anschließend bei 170 Grad weitere zehn Minuten garen. Petersilie entfernen.

Anrichten:

Kaninchenstücke mit Gemüse und etwas Suppe auf die Teller geben. Das Fleisch mit etwas Rouille bestreichen. Restliche Rouille auf getoastete Baguettescheiben streichen und extra reichen. Mit Thymian verzieren.

Weintipps:

• 1993er Oltrepò Pavese Rosso Riserva Villa Odero, Frecciarossa, Casteggio, Lombardei, Italien

•• 1998er Pinot noir, Acacia Winery, Carneros, Napa Valley, Kalifornien, USA

Für frischen Wildlachs aus Irland

Düfte aus dem Fernen Osten

Das Rezept für Wildlachs mit Orangenglasur steht auf der nächsten Seite

Marinierter und geräucherter Wildlachs mit Orangenglasur

Schwierigkeitsgrad: mittelschwer
Zubereitungszeit: 1 $^{1}/_{2}$ Stunden plus 12 Stunden Marinierzeit

Zutaten für 8–10 Personen:

Orangenglasur:
frisch gepresster Saft von 4 Orangen, 2 Teel. Orangengelee, in feine Streifen geschnittene Schale von 1 Orange

Alle Zutaten etwa 15 Minuten lang sirupartig einkochen, beiseite stellen. Später nochmals kurz erhitzen.

Lachs:
1 Seite Wildlachs mit geschuppter Haut (etwa 1,2 kg); für die Marinade: 1 klein geschnittene Stange Zitronengras, 2 in hauchdünne Scheiben geschnittene Kaffirlimetten, 2 Essl. Zucker, 2 Essl. grobes Meersalz, je 2 Essl. zerstoßene Koriander- und Fenchelsamen, 1 Teel. grob geschroteter schwarzer Pfeffer, 10 g in Scheiben geschnittener Ingwer, 2 Essl. Ingwersirup (aus dem Asienladen), je $^{1}/_{2}$ Bund grob gehackter Dill und Blattkoriander

weitere Zutaten:
1–2 Teel. Pflanzenöl zum Braten, 1 Essl. rote Pfefferkörner, etwas Fenchelgrün, außerdem 2–4 Essl. Räuchermehl (aus dem Anglergeschäft)

Wildlachs hat festes Fleisch, einen reinen, typischen Geruch und weniger Fett als Zuchtlachs – das weiß der Meisterkoch zu schätzen

Entgräteten Lachs auf der Hautseite im Abstand von 1 cm leicht einritzen. Marinadezutaten gut vermengen und auf die Innen- und Außenseite streichen (das Filet kann quer geteilt und mit den Innenseiten aufeinander gelegt werden). Zugedeckt 12 Stunden marinieren, nach sechs Stunden wenden. Dann die Marinade abstreifen. Räuchermehl im Bräter erhitzen, bis es raucht. Lachsseite auf einem Gitterrost über dem Räuchermehl 20 Minuten zugedeckt warmräuchern. Lachs in Portionen schneiden. In einer beschichteten Pfanne Pflanzenöl erhitzen. Lachs auf der Fleischseite mit der Orangenglasur bestreichen, auf der Hautseite etwa 6 Minuten braten. Die Haut sollte knusprig, das Fleisch noch leicht glasig sein.

Anrichten:

Auf vorgewärmten Tellern je eine Lachsportion anrichten. Mit rotem Pfeffer bestreuen und mit Fenchelgrün verzieren.

Weintipps:

∘ 1999er Riesling Federspiel Ried Steinriegl Weißenkirchen, Weingut Jäger, Wachau, Österreich
∘∘ 1999er Sauvignon blanc Epesses, Luc Massy, Waadtland, Schweiz

Schwierigkeitsgrad: leicht,
Zubereitungszeit: 1 Stunde

Zutaten für 4 Personen:

4 Essl. Butter, 1 kleine weiße Zwiebel, 1 helle Stangenselleriestaude, 1 halber Apfel (am besten Golden Delicious) – alles fein gewürfelt, 1 Msp. Curry, 1 Msp. Kurkuma (Gelbwurz), 3 Essl. Ananassaft, Salz, 100 g Basmatireis, 2 geschälte, halbierte weiße Zwiebeln, 6 Lorbeerblätter, 12 Gewürznelken, 0,18 l Kalbs- oder Geflügelfond, 1 Lammkarree mit 8 Rippenknochen, schwarzer Pfeffer aus der Mühle, 2 Essl. Olivenöl, 1/2 Teel. gezupfte Thymianblättchen, 1 fein gehackte Knoblauchzehe, 1 kleine, fein gewürfelte Schalotte, je 1 rote und gelbe Paprikaschote (geschält und gewürfelt), 2 Essl. geröstete Mandelsplitter und Pinienkerne als Garnitur

1 Essl. Butter zerlassen, Zwiebel-, Stangensellerie- und Apfelwürfel kurz darin anschwitzen. Mit Curry und Kurkuma bestäuben, mit Ananassaft ablöschen. Salzen und beiseite stellen. In einem Topf 2 Essl. Butter zerlassen. Basmatireis darin anschwitzen. Zwiebelhälften mit je 1 Lorbeerblatt und 3 Gewürznelken spicken. Auf den Reis setzen. Fond angießen. Etwa 15 Minuten bei geschlossenem Deckel dünsten. Beiseite stellen, warm halten. Lammkarree mit Salz und Pfeffer würzen. Olivenöl und restlichen Essl. Butter in einer Pfanne erhitzen. Restliche 2 Lorbeerblätter und Thymian hineingeben. Lammkarree darin etwa 20 Minuten rosa braten. Herausnehmen, ruhen lassen. Im Bratensatz die Knoblauchzehe, Schalotten- und Paprikawürfel anschwitzen. Lammkarree wieder in die Pfanne geben, mit den Gemüsen bedecken.

Anrichten:

Lammkarree in vier Portionen teilen und mit Gemüse auf vier Teller verteilen. Je 1/2 gedünstete Zwiebel und etwas Reis zufügen. Etwas lauwarmes Apfelchutney anlöffeln. Mit gerösteten Mandelsplittern und Pinienkernen bestreuen.

Weintipps:

• 1998er Château de Saint-Cosme Cuvée Classique, Gigondas, Rhône, Frankreich
•• 1996er Minervois Cuvée Nobilis Château d'Oupia, Languedoc-Roussillon, Frankreich

Lammkarree

mit gedünsteten Zwiebeln und Apfelchutney

So duftet Basmatireis nach dem Garen noch intensiver: Im Kochwasser schwimmen mit Lorbeer und Nelken gespickte Zwiebelhälften

Heimische Bohnenkerne zu

Seewolf mit spanischer Chorizo

Das Rezept für Seewolf mit Bohnenpüree steht auf der nächsten Seite

Seewolf

mit Bohnenpüree und Chorizo

Schwierigkeitsgrad: leicht
Zubereitungszeit: 1 ¹/₄ Stunden
plus Einweichzeit

Eckart Witzigmann empfiehlt zusätzlich eine Tapenade: entsteinte grüne Oliven, Knoblauch, Kapern, Sardellenfilets, schwarzen Pfeffer, Petersilie und Olivenöl im Mixer pürieren

Weintipps:

◦ 1998er Grauburgunder trocken, Klostermühle Odernheim, Becker Held, Nahe

◦◦ 1993er Bienvenues-Bâtard-Montrachet, Louis Carillon et Fils, Burgund, Frankreich

Zutaten für 4 Personen:

180 g eingeweichte weiße Bohnen, 1 Bouquet garni (je 1 Stängel Thymian, Rosmarin und Petersilie, 1 Lorbeerblatt), 1 geschälte Möhre, 2 geschälte Schalotten, 1 Stück Stangensellerie (10 cm), 2 geschälte Knoblauchzehen, 0,4 l Geflügelfond, 4–5 Essl. Olivenöl, Salz, weißer Pfeffer aus der Mühle, 1 Prise Cayennepfeffer, 3 Essl. Butter, 30 g geriebene Weißbrotbrösel, 80 g blanchierte, sehr junge Saubohnenschoten (ersatzweise Zuckerschoten), 100 g blanchierte Saubohnenkerne (evtl. TK-Ware), ¹/₂ Teel. fein gehackte Petersilie, 4 Seewolfkoteletts (je 140 g), Saft von 1 Zitrone, 16 dünne Scheiben Chorizo (spanische Paprikasalami), Petersilienblättchen zum Garnieren

Anrichten:

Heißes Bohnenpüree auf vorgewärmte Teller verteilen. Seewolf darauf setzen. Mit Bohnen belegen, mit Chorizo-Scheiben krönen. Etwas rotes Bratöl aufträufeln und mit Petersilienblättchen bestreuen.

Weiße Bohnen, Gewürzsträußchen, Möhre, Schalotten, Sellerie, Knoblauch und Geflügelfond in einem Topf kalt aufsetzen. Zum Kochen bringen und etwa 35 Minuten bei geschlossenem Deckel köcheln lassen. Kochfond abschütten und aufbewahren. Gewürzsträußchen und Gemüse aus den Bohnen herausnehmen. Bohnen mit einer Gabel fein zerdrücken, mit 2–3 Essl. Kochfond mischen und durch ein Sieb streichen. 2–3 Essl. Olivenöl mit einem Schneebesen einarbeiten und nötigenfalls noch etwas Kochfond zufügen, bis eine geschmeidige Konsistenz entstanden ist. Mit Salz, Pfeffer und Cayennepfeffer würzen. Vor dem Anrichten unter Rühren erwärmen. 2 Essl. Butter erhitzen, Weißbrotbrösel darin goldgelb rösten. Saubohnenschoten und -kerne hineingeben und schwenken. Mit Salz und Pfeffer würzen. Petersilie unterheben. Seewolfkoteletts mit Salz und Pfeffer würzen. Mit Zitronensaft beträufeln. Restliche 2 Essl. Olivenöl und restlichen Essl. Butter in einer beschichteten Pfanne erhitzen. Seewolf darin von beiden Seiten je 1–2 Minuten braten. Chorizo-Scheiben hinzufügen und von beiden Seiten etwa 2 Minuten leicht anbraten.

Schwierigkeitsgrad: leicht, Zubereitungszeit: 45 Minuten

Zutaten für 4 Personen:

20 geputzte Rosenkohlröschen, Salz, 8 Kumquats, 4 bratfertige Wildhasenfilets, schwarzer Pfeffer aus der Mühle, 2 Essl. Pflanzenöl, 4 Essl. Butter, 20 Lorbeerblätter, 4 Scheiben Bauchspeck in $^1/_2$ cm dicken Scheiben, 10 grob gehackte Wacholderbeeren, 1 Teel. brauner Zucker, 3 Essl. Orangensaft, 1 Thymianzweig, 10 zerdrückte weiße Pfefferkörner, 0,2 l Wildsauce, 50 g zerkleinerte Blockschokolade

Rosenkohl in Salzwasser etwa 5 Minuten kochen, in Eiswasser abschrecken. Kumquats 3–5 Minuten in warmes Wasser legen, dann mit einem Tuch abreiben, halbieren. Wildhasenfilets mit Salz und Pfeffer würzen. 1 Essl. Öl und 2 Essl. Butter in einer Pfanne erhitzen. Filets und Lorbeerblätter hineingeben. Filets rosa braten, etwa 2 Minuten von jeder Seite. 5 Minuten ruhen lassen. In 3 cm große Stücke schneiden. Speckscheiben in einer Pfanne von beiden Seiten knusprig braten. In 3 cm große Stücke schneiden. Abwechselnd Hasenfleisch, Speck, Lorbeerblatt, Rosenkohl und Kumquats auf vier Spieße stecken. Mit Wacholderbeeren, Salz und Pfeffer würzen. Im restlichen Essl. Öl und 1 Essl. Butter von beiden Seiten etwa 2 Minuten fertig braten. Zucker in einem Topf leicht karamellisieren lassen. Mit Orangensaft ablöschen, etwas einkochen lassen. Thymian und Pfefferkörner zugeben, mit Wildsauce aufgießen. Etwa auf die Hälfte einkochen, durch ein Sieb geben, restlichen Essl. Butter einschwenken. Schokolade in einem Topf schmelzen, evtl. mit 1–2 Essl. Orangensauce verdünnen.

Spieß vom Wildhasen
mit Rosenkohl und Schokoladensauce

Anrichten:

Spieße auf Teller legen. Mit Orangen- und Schokoladensauce beträufeln.

Weintipps:

- 1996er Glen Carlou Grand Classique, Paarl, Südafrika
- •• 1996er Château Monbrison, Margaux, Bordeaux, Frankreich

Kutteln, die zarten Teile des Rindermagens, sind nicht jedermanns Sache. In diesem raffinierten Eintopf überzeugen sie selbst Skeptiker

Anrichten:

Kuttelgemüse mit restlichen Petersilienblättern bestreuen. Frittierte Eier darauf legen.

Weintipps:

- • 1997er Chinon rouge „Clos des Folies“, Domaine du Roncée, Loire, Frankreich
- ∘∘ 1991er Rioja blanco Reserva, Marqués de Murrieta, Ygay, Spanien

Kutteln mit Essiggemüse

Schwierigkeitsgrad: leicht, Zubereitungszeit: 1 Stunde

Zutaten für 4 Personen:

500 g reife Tomaten, 800 g vorgekochte Kutteln, 4 ½ Essl. Olivenöl, 2 Essl. brauner Zucker, 1 geschälte und gewürfelte, große weiße Gemüsezwiebel (250 g), 0,2 l kräftiger Weißwein, Salz, weißer Pfeffer aus der Mühle, 500 g Essiggemüse aus dem Glas (Möhren, Blumenkohl, Kürbis, Gurken), 1 großes Lorbeerblatt, 2 Gewürznelken, 1 grob gehackte, kleine Chilischote, 2 geviertelte, geschälte Knoblauchzehen, 20 g gewürfelte Ingwerwurzel, abgezupfte Blätter von 1 Bund glatter Petersilie, 4 roh frittierte Eier

Tomaten überbrühen, häuten und entkernen, dabei die Flüssigkeit auffangen. Schalen und Kerne ebenfalls ausdrücken. Saft aufbewahren. Fruchtfleisch würfeln. Kutteln in Streifen oder Rechtecke schneiden. In einer Kasserolle in 2 Essl. Olivenöl scharf anbraten. Herausnehmen, warm stellen. 2 Essl. Olivenöl in die Kasserolle geben. Zucker und Zwiebelwürfel zufügen. Andünsten, bis sich der Zucker aufgelöst hat und die Zwiebel glasig ist. Tomatenfleisch und -saft sowie Kutteln und Weißwein dazugeben. Mit Salz und Pfeffer würzen. Etwa 25 Minuten zugedeckt köcheln lassen. Essiggemüse etwa in dieselbe Größe wie die Kutteln schneiden, ebenfalls in die Kasserolle geben. Weitere 5–7 Minuten simmern lassen. Lorbeerblatt in einer heißen Pfanne ohne Fett von beiden Seiten 1 Minute scharf anrösten. In einen Mörser geben. Zusammen mit Nelken, Chilischote, Knoblauchzehen, Ingwer und der Hälfte der Petersilienblätter zerstoßen. Restlichen ½ Essl. Olivenöl unterrühren, mit Salz und Pfeffer würzen. Unter die Kutteln rühren. Einmal aufkochen. Mindestens 10 Minuten zugedeckt ziehen lassen.

Tomaten und Thymian vom Mittelmeer

zu Püree von nordischem Stockfisch

Das Rezept für die gefüllte Kartoffel steht auf der nächsten Seite

Gefüllte Kartoffel
mit Stockfischpüree und Tomatenragout

Schwierigkeitsgrad: mittelschwer, Zubereitungszeit: 2 Stunden plus Ruhezeiten

Zutaten für 4 Personen:

Gefüllte Kartoffeln:
4 halbfestkochende Kartoffeln (je 300 g), 300 g grüner Stockfisch (nicht ganz durchgetrocknet), 0,42 l Milch, 1 mit 2 Nelken gespickte Zwiebel, 2 geschälte Knoblauchzehen, 1 Lorbeerblatt, 5–6 Essl. Olivenöl, 1 Prise Cayennepfeffer, Saft von 1/2 Zitrone, 250 g geschälte, mehlige Kartoffeln, 50 g in Scheiben geschnittene, kalte Butter

Große Kartoffeln etwa 25 Minuten in der Schale kochen, ausdämpfen lassen und schälen. Mit einem Kugelausstecher aushöhlen, beiseite stellen. Stockfisch vierteln. Je 0,3 l Wasser und Milch in einen Topf geben. Stockfisch, gespickte Zwiebel, Knoblauch, Lorbeer zufügen. Aufkochen und auf der ausgeschalteten Herdplatte 3 Stunden ziehen lassen. Häufig wenden. Fisch herausnehmen, Sud weggießen. Stockfisch von Haut und braunen Stellen befreien. Mit der Gabel zerdrücken und mit 4–5 Essl. Olivenöl vermischen. Mit Cayennepfeffer und Zitronensaft würzen. Mehlige Kartoffeln kochen, ausdämpfen lassen, durch eine Presse drücken. Butter mit einem Holzlöffel einarbeiten. Restliche 0,12 l Milch erhitzen und einrühren. Mit dem Stockfisch vermengen und auf dem Wasserbad so lange rühren, bis alles erhitzt ist. Abschmecken. Ausgehöhlte Kartoffeln mit restlichem Essl. Olivenöl bepinseln und bei 180 Grad im Ofen etwa 8–10 Minuten braten, bis sie leicht Farbe angenommen haben. Mit dem Stockfischpüree füllen.

Stockfisch – meist getrockneter Seelachs, Schellfisch oder Kabeljau – entfaltet sein unvergleichlich intensives Aroma, wenn er Flüssigkeit aufnimmt

Tomatenragout:
150 g über Nacht eingeweichte Schwarzaugenbohnen, 1 Bouquet garni (je 1 Petersilien-, Thymian- und Rosmarinzweig, 1 Lorbeerblatt), Salz, 3 Essl. Olivenöl extra vergine, 500 g Kirschtomaten, 1 Essl. fein gewürfelte Schalotten, 2 geschälte, fein gewürfelte Knoblauchzehen, 4 kleine Thymianzweige, schwarzer Pfeffer aus der Mühle, Olivenöl und Thymianzweige zum Anrichten

Schwarzaugenbohnen mit Bouquet garni in reichlich Salzwasser etwa 40 Minuten weich kochen. Wasser abgießen, Bohnen mit 2 Essl. Olivenöl beträufeln und zugedeckt beiseite stellen. Kirschtomaten 5 Sekunden blanchieren, abschrecken, häuten. Vierteln und Kerngehäuse herausschneiden. Tomatenhaut und -gehäuse leicht salzen, im Mixer zerkleinern, durch ein feines Sieb streichen. Restlichen Essl. Olivenöl erhitzen. Schalottenwürfel, Knoblauch und Thymianzweige darin anschwitzen. Bohnen zufügen, mit dem Tomatensaft ablöschen. Tomatensaft fast verkochen lassen. Tomatenviertel zufügen, kräftig mit Salz und Pfeffer würzen, einmal aufkochen lassen. Thymianzweige herausnehmen.

Weintipps:

• 1998er Château Tour des Gendres Cuvée de Conti, Côtes de Bergerac, Südwestfrankreich
•• 1997er Falcoaria, Quinta do Casal Branco, Almeirim, Ribatejo, Portugal

Anrichten:

Gefüllte Kartoffeln mit Tomaten-Bohnen-Ragout auf Teller setzen. Mit Olivenöl beträufeln und mit frischen Thymianzweigen verzieren.

Schwierigkeitsgrad: mittelschwer
Zubereitungszeit: 3 Stunden

Zutaten für 4 Personen:

1 gepökelte Spanferkelkeule (600–800 g), 1 mit Lorbeer und 2 Nelken gespickte Zwiebel, 2 geschälte Karotten (je 50 g), 100 g geschälter Knollensellerie, 1 Essl. Gewürznelken, 2 Essl. Pflanzenöl zum Braten, 3 Essl. Akazienhonig, Wasser zum Begießen, 8 ungeschälte, kleine rote Beten (600 g), Salz, Zucker, 3–4 Essl. Obstessig, 1 Teel. Kümmel, 2 Essl. Butter, 1 Essl. Orangengelee, 1 Msp. gehackter Kümmel, 4 Scheiben frische, reife Ananas, 1 Msp. Zimt

Keule in einem Topf mit Wasser bedecken. Gespickte Zwiebel, Karotten und Knollensellerie einlegen. Etwa 1 Stunde bei niedriger Hitze kochen lassen. Herausnehmen, Haut behutsam abziehen. Fettschicht rautenförmig einritzen. In Abständen von 2 cm mit Gewürznelken spicken. Ofen auf 190 Grad vorheizen. Einen Bratentopf mit Öl auspinseln. Keule einlegen und mit Honig bestreichen. Im Ofen etwa 1–1 $^1/_2$ Stunden braten. Darauf achten, dass der Honig nicht verbrennt, eventuell Alufolie auflegen. Gelegentlich den Bratensatz mit Wasser ablöschen, die Keule damit begießen. Ungeschälte rote Bete mit Wasser in einen Topf geben. Mit Salz, Zucker, Essig und ganzem Kümmel würzen. In 1 $^1/_2$ Stunden gar kochen. Im Kochwasser auskühlen lassen. Danach mit den Händen die weiche Schale unter fließendem Wasser abziehen. Knollen in Segmente schneiden (wie eine Orange). 1 Essl. Butter mit Orangengelee erhitzen. Rote Bete darin glasieren, mit gehacktem Kümmel würzen. Restlichen Essl. Butter in einer beschichteten Pfanne zerlassen. Ananasscheiben nebeneinander einlegen. Mit Zucker und Zimt bestreuen und von beiden Seiten bei mäßiger Hitze braten.

Anrichten:

Spanferkelkeule, rote Bete und Ananas in eine vorgewärmte flache Schüssel geben und darin servieren. Am Tisch tranchieren und im Ofen heiß halten.

Weintipps:

• 1991er Gran Colegiata Tinto Reserva, Bodegas Farina, Toro, Spanien
•• 1995er Rioja Pagos Viejos Reserva, Artadi, Laguardia, Spanien

Glasierte Spanferkelkeule mit Ananas und roter Bete

Mohnschmarrn mit Mango

und karamellisierten Macadamianüssen

Schwierigkeitsgrad: leicht, Zubereitungszeit: 1 Stunde plus Ruhezeit

Zutaten für 4 Personen:

125 g Quark (20 Prozent Fett), 65 g saure Sahne, 12 g Grieß, 2 Eigelb, Mark von 1/2 Vanilleschote, abgeriebene Schale von je 1/2 Zitrone und Orange, 40 g frisch gemahlener Blaumohn, 3 Eiweiß, 30 g Zucker, 10 g Weizenstärke, 1 Prise Salz, 1 Essl. Butter, 20 g Honig, Vanillezucker zum Bestreuen, Puderzucker zum Bestreuen, 2 geschälte, entkernte und in hauchdünne Scheiben geschnittene Mangos (am besten thailändische Früchte), 12 in Karamell geschwenkte Macadamianüsse (Karamellfaden: Nuss auf eine Nadel spießen, in die Masse tauchen, langsam herausziehen, erkalten lassen, Faden abschneiden), 0,25 l mit einem Mixstab aufgeschäumte Vanillesauce

Anrichten:

Mangoscheiben fächerförmig auf vier Teller legen. Nüsse und Schmarrn darauf verteilen und die Vanillesauce angießen.

Quark mit saurer Sahne, Grieß, Eigelb, Vanillemark, Zitronen- und Orangenschale sowie dem Mohn verrühren. Mindestens 1 Stunde ruhen lassen. Ofen auf 190 Grad vorheizen. Eiweiß mit Zucker, Weizenstärke und Salz zu einem cremigen Schnee aufschlagen. 1/3 des Schnees unter die Quarkmasse rühren, den Rest vorsichtig unterheben. In einer beschichteten Pfanne die Butter erhitzen, Honig hinzufügen. Schmarrnteig einfüllen und für etwa 20 Minuten in den Ofen geben. Mit Vanillezucker bestreuen, kurz unter dem Grill karamellisieren. Sobald der Schmarrn goldbraun ist, mit Puderzucker bestreuen und mit zwei Gabeln in Stücke zerlegen.

Getränketipps:

Sherry medium dry Amontillado „Los Arcos“, Lustau, Spanien

1997er Quinta do Noval Vintage Port, Noval-Vinhos, Vila Nova da Gaia, Portugal

Der dunkle Karamell zum Überziehen der Macadamianüsse wird aus 250 g Zucker, 1/2 l Wasser und 100 g Glukose (Traubenzucker) gekocht

Der Saft frischen Ingwers ist hocharomatisch, also maßvoll dosieren: So unterstreicht er den Eigengeschmack von frischen Früchten

Anrichten:

Aus dem Ofen nehmen und sofort servieren.

Tipp:

Für das Gratin eignen sich auch andere Früchte der Saison.

Weintipps:

○ 1996er Rüdesheimer Berg Rottland Riesling Spätlese, Balthasar Ress, Rheingau
○○ 1996er Muskateller Trockenbeerenauslese, Weingut Dr. Heger, Ihringen, Baden

Gratin von exotischen Früchten

Schwierigkeitsgrad: leicht, Zubereitungszeit: 1 Stunde

Zutaten für 4 Personen:

0,25 l Weißwein, 1 in feine Streifen geschnittener Zitronengrasstängel, 1 Scheibe Ingwerwurzel, 15 Korianderkörner, 4 kleine Eigelb (zusammen 80 g), 90 g Zucker, 100 g Schlagsahne, jeweils Scheiben, Würfel oder kleine Stücke von 1 Babyananas, 2 Kiwi, 1 Mango, 1 Papaya, 1 Banane, 2 Feigen

Weißwein mit Zitronengras, Ingwer und Korianderkörnern auf etwas mehr als $^1/_3$ (0,09 l) einkochen. Durch ein feines Sieb in eine Schüssel gießen und abkühlen lassen.
Fond mit Eigelb und Zucker auf dem Wasserbad so lange aufschlagen, bis herunterfallende Tropfen die Form behalten, also fast fest sind. Vom Wasserbad nehmen, auf Eiswasser weiterschlagen, bis die Masse erkaltet ist.
Sahne schlagen und unterheben. Früchte auf Tellern anrichten. Mit der Gratinmasse bedecken. Unter dem Grill oder im Backofen bei höchster Oberhitze 8–10 Minuten bräunen.

Granité von grünem Tee
mit Orangensabayon und Datteln

Schwierigkeitsgrad: mittelschwer, Zubereitungszeit: 1 ¹/₂ Stunden

Zutaten für 4 Personen:

Granité:
150 g Zucker, 1 aufgeschnittene Vanilleschote, 1 dünne Scheibe Ingwerwurzel, 30 g grüne Teeblätter (am besten die Sorte Sencha), 25 g Minzeblätter, Saft von 1 Orange und 2 Zitronen, 50 g milder Honig, 5 Teel. Rum, Minzeblätter für die Garnitur

0,5 l Wasser mit Zucker, Vanille und Ingwer aufkochen, etwas abkühlen lassen. Über die gemischten Tee- und Minzeblätter gießen. Zugedeckt 2 ¹/₂ Minuten ziehen lassen. Durch ein Haarsieb in eine Schüssel gießen. Saft von Orange und Zitronen sowie Honig und Rum unterrühren. Flüssigkeit auf einem flachen Blech mit Rand (z. B. eine Pizzaform) fingerdick verteilen. Für etwa 1 Stunde in den Gefrierschrank stellen. Von Zeit zu Zeit die erstarrende Masse vom Blechboden schaben.

Der herbe Akzent von grünem Tee verbindet sich mit sauer-fruchtigen Orangen und süßen Datteln zu einem überraschenden Dreiklang

Orangensabayon:
0,15 l Orangensaft, 3 Eigelb, 40 g Zucker, 2 Essl. Cointreau, Saft von ¹/₂ Zitrone, 1 Blatt eingeweichte und gut ausgedrückte Gelatine, 75 g geschlagene Sahne, enthäutete Filets von 4 Orangen, 10 halbierte, entsteinte Datteln

Orangensaft auf die Hälfte einkochen, abkühlen lassen. Auf dem Wasserbad Eigelb mit Zucker, Cointreau und Orangensaft schaumig aufschlagen. Wenn das Sabayon Volumen entwickelt hat, Zitronensaft zufügen. Weiterschlagen, bis der Schaum feinporig geworden ist. Gelatine zufügen. Auf Eiswasser so lange schlagen, bis die Masse erkaltet ist. Kurz vor dem Anrichten Sahne unterheben.

Anrichten:

Orangenfilets und Dattelhälften in vorgekühlte Gläser geben. Sabayon darauf verteilen. Das Granité darauf geben. Mit Minzeblättern verzieren.

Weintipps:

○ 1995er Ihringer Winklerberg Muskateller Auslese, Winzergenossenschaft Ihringen, Baden
○○ 1990er Siebeldinger Königsgarten Muskateller Beerenauslese, Weingut Ökonomierat Rebholz, Siebeldingen, Pfalz

Warenkunde

Verlockende Düfte, Farben und Aromen von allen Kontinenten: Kreuzkümmel und Kurkuma, Chilis und Curry, Sternanis und Palmzucker, Mangos und Kaffirlimetten. Die Warenkunde hilft, beim Einkauf auf Qualität zu achten

Eckart Witzigmann legt großen Wert auf hochwertige Produkte – auch bei kleinen, weißen Auberginen

Obst und Gemüse

Kumquat

Die aus dem heutigen China und Vietnam stammende Zwergorange gedeiht in allen warmen Zonen, wo Zitrusfrüchte reifen. Ihr fein-herbes Aroma bereichert süße Gerichte mit Früchten, aber auch Zubereitungen mit Fleisch, Wild und Geflügel sowie Currys.

Papaya

Die birnenförmige Frucht des Melonenbaums stammt ursprünglich aus Mexiko und wird überall in den Tropen und Subtropen angebaut. Sie ist saftig, enthält wenig Säure und hat einen mild-süßen Geschmack, der an Aprikosen und Melonen erinnert. Für Desserts, Salate und Saucen sowie als kontrastierende Zutat in pikanten Gerichten. Achtung: Die Kerne nicht mitessen.

Mango

Von Ostasien aus verbreitete sich die nahrhafte Steinfrucht in tropische und subtropische Gebiete. Als beste Sorte gilt die saft- und säurereiche Manila von den Philippinen. Verwendung wie bei Papayas.

Kalifornische Datteln

Bereits vor 5000 Jahren schätzten Babylonier die nahrhaften, süßen und oft intensiv nach Karamell schmeckenden Palmenfrüchte. Inzwischen sind sie in vielen Ländern mit heißem Klima angesiedelt und kommen meist getrocknet auf den Markt. In Kalifornien produzierte Datteln werden frisch exportiert. Für süße Salate, zu Fleisch, Schinken und Käse.

Passionsfrucht

Die pflaumengroßen Früchte schmecken pur und in jeder Art von Süßspeisen und Säften. Wegen ihres intensiven, säurereichen Fruchtaromas sind sie begehrt. Rote Exemplare haben noch mehr Geschmack als gelbe. Von Brasilien aus starteten sie ihren Siegeszug in alle Länder im Äquatorbereich.

Granatapfel

Von den zahllosen Kernen der aus den Gärten Babylons stammenden Frucht sollte man sich nicht abschrecken lassen: Sie enthalten wie das Fruchtfleisch erfrischenden Saft und lassen sich – mit Knuspereffekt – auch pur auslöffeln. Für süße und pikante Zubereitungen. Die besten Granatäpfel werden in Afghanistan angebaut.

Limetten

Die kräftig grünen und saftreichen tropischen Zitronen haben ein unverwechselbares Aroma, das sich gegen die Säure behauptet. Bei Köchen sind sie daher beliebt – Saft und Schale lassen sich in süßen und pikanten Zubereitungen sowie in Marinaden wirkungsvoll einsetzen.

Kaffirlimetten

Die dicke, narbige Schale ist gewöhnungsbedürftig – sie muss aber so sein! Auf sie kommt es an: Sie verleiht, gerieben oder geschnitten, vor allem in Thailand zahlreichen Currygerichten ein typisches Aroma. Als Gewürz kommen die Blätter dieser Frucht ebenfalls zum Einsatz. Kaffirlimetten enthalten kaum Saft, er spielt daher in der Küche keine Rolle.

La Ratte

Die kleine französische Kartoffel zeichnet sich durch ausgeprägte Kochfestigkeit und ein angenehmes Aroma aus. Kein Wunder also, dass sie in der Haute Cuisine eine wichtige Rolle spielt. Im Vergleich zu anderen Knollen ist sie jedoch recht teuer. Ersatzweise kann die deutsche Sorte Bamberger Hörnle verwendet werden.

Chilis

Je kleiner, desto schärfer – grüne sind noch potenter als rote. Die meiste Würze steckt in den Samen, die man herausschaben kann. Ganze Schoten geben beim Mitkochen ihre Schärfe nur langsam ab und können leicht entfernt werden. Beim Schneiden von frischen Schoten Handschuhe tragen, die Schärfe ist gefährlich für Schleimhäute.

Schnittknoblauch

Geschmacklich liegen die flachen, grasähnlichen Blätter – kurze Triebe sind milder als lange – zwischen Schnittlauch und Knoblauch. Sie können überall da eingesetzt werden, wo sich Knoblaucharoma zurückhaltend entfalten soll. Geschnitten oder im Ganzen ist Schnittknoblauch eine beliebte Zutat zu Fleisch-, Fisch und Gemüsegerichten. Eine Zutat aus Asiens Gärten.

Knoblauchblüten

Wegen ihres honigartigen Aromas gelten die noch geschlossenen Blüten des Schnittknoblauchs in asiatischen Ländern als Delikatesse. Sie werden mit den Stielen meist separat und im Ganzen gegart und gebündelt auf Fisch-, Fleisch- und Gemüsegerichten angerichtet.

Kräuter und Gewürze

Vanille

Duft und Aroma der Schoten – sie wachsen aus der Blüte einer Orchidee – erinnern an Speiseeis, Puddings und süße Saucen. Doch in ihrem Heimatland Mexiko ist Vanille eine traditionelle Würzzutat auch für pikante Fleisch- und Geflügelgerichte. Oft wird nur das ausgeschabte Mark verwendet, die Schote selbst hat jedoch mehr Geschmack.

Sternanis

Wokgerichte und Schweinefleischzubereitungen aus dem Kochtopf werden in China, der Heimat der Sternanisbäume, zu vielen Gelegenheiten mit den sternförmigen Samenhülsen der Pflanze gewürzt. Im westlichen Europa hingegen kommen die pfenniggroßen und nach einer Mischung aus Anis, Lakritze und Fenchel duftenden Sterne fast ausschließlich bei der Weihnachtsbäckerei zum Einsatz.

Zimt

Zimt ist die abgeschälte und getrocknete Rinde des Zimtbaums. Das Gewürz wird gemahlen und in stangenähnlichen aufgerollten Rindenstücken angeboten.
In westlichen Ländern aromatisiert es Kuchen und Süßspeisen, in der mexikanischen und arabischen Küche würzt es z. B. Lammfleisch und Auberginengerichte. Ceylonzimt aus südostasiatischen Ländern ist feiner und aromatischer als Cassia- oder Chinazimt aus China.

Palmzucker

In asiatischen Ländern wird der Saft wild wachsender Palmensorten eingekocht und zum Süßen verwendet. Bei der Zubereitung wird die Zuckerlösung in Formen gegossen und kann nach dem Erstarren z. B. mit einem Löffel ausgehoben werden. Die Süßkraft wird durch ein leicht malziges Aroma ergänzt.

Ingwer

Die Wurzel der Ingwerpflanze – sie stammt aus Südostasien – ist intensiv süßlich-scharf. Sie würzt pikante Wokgerichte ebenso wie Kompotte, Chutneys, Obstkuchen und Liköre. Es gibt sie frisch – beim Kauf auf feste, glatte Haut achten –, eingelegt oder kandiert und als Pulver. Ingwerpulver hat mehr Schärfe als Fruchtaroma.

Kurkuma

Auch Gelbwurz genannt. Das intensiv gelbe und stark färbende Pulver wird aus der getrockneten Wurzel eines Ingwergewächses gewonnen. Es gehört in Currymischungen, passt zu Reisgerichten, Geflügel und Krustentieren. Sein Ursprung liegt in Ost- und Südindien.

Limettenblätter

Die leicht ledrigen und wie poliert wirkenden Blätter entfalten beim Kochen ein säuerliches Zitrusaroma. Man kann sie im Ganzen mitgaren oder in feine Streifen schneiden. Sie sind eine ideale Zutat für Currys, Suppen und Marinaden. Die Blätter der Kaffirlimette erkennt man an ihrer Doppelform (Foto).

Currypasten

Die beißend scharfen grünen, gelben und roten Würzmischungen sind vor allem in Thailand beliebt. Sie lassen sich mit wenig Aufwand zu Hause selbst herstellen, können in akzeptablen Qualitäten aber auch fertig zubereitet gekauft werden. Es gibt spezielle Mischungen für Lamm-, Geflügel- und Rindfleischgerichte.

Koriander

Frischer Koriander hat ein unvergleichliches Aroma, das vielen mexikanischen, thailändischen und chinesischen Gerichten einen charakteristischen Geschmack gibt. Er ist daher auch als chinesische Petersilie bekannt. Die Samenkörner des Korianders – ganz oder gemahlen – können das frische Kraut nicht ersetzen, da die Aromen keine Ähnlichkeit haben.

Safran

Die Blütennarben einer Krokuspflanze kamen ursprünglich aus Ost- und Kleinasien. Inzwischen stehen auch in anderen heißen Regionen riesige Krokusfelder. Da jede einzelne Narbe mit der Hand geerntet werden muss, ist Safran außergewöhnlich teuer. Er wird wegen seines honigartigen, zartbitteren Geschmacks und seiner starken Färbekraft geschätzt.

Kreuzkümmel

Das auch unter der Bezeichnung Cumin bekannte Gewürz ist zwar mit gewöhnlichem Kümmel verwandt, hat aber ein ganz anderes Aroma. Seine Heimat ist Indien, China und der Nahe Osten. Dort wird es meist zusammen mit anderen Gewürzen an pikante Gerichte sowie Brot und Gebäck gegeben.

Fünfgewürzpulver

Die klassische chinesische Gewürzmischung besteht aus Sternanis, Zimt, Szechuanpfeffer, Nelken und Fenchelsamen. Nach westeuropäischem Geschmacksempfinden duftet sie leicht nach Weihnachtsküche. Fünfgewürzpulver gehört traditionell an herzhafte Gerichte und passt besonders gut zu Schweine- und Lammfleisch.

Garam Masala

Für die in Indien beliebte Würzmischung gibt es kein festes Rezept: Schwarzer Pfeffer, Kardamom, Nelken und Zimt sind die üblichen Hauptbestandteile, es können zum Beispiel auch Koriander und Kümmel enthalten sein. Garam Masala ist eine typische Zutat für Currygerichte.

Fischsauce

Bereits die alten Römer wussten die aus fermentiertem Fisch gewonnene Würzsauce zu schätzen, sie nannten sie Garum. Im heutigen Thailand heißt sie Nam pla, in Vietnam Nuoc nam. Sie ist das Allround-Gewürz für viele pikante Gerichte, die Fisch oder Fleisch enthalten können. Manche Fischsaucen sind sehr salzig – man sollte sie behutsam dosieren.

Sojasauce

Es gibt mehrere Sojasaucen-Typen: aus China helle, milde Saucen und dunkle, etwas süßlichere; aus Indonesien sehr süße, dickflüssige Sorten und aus Japan süß-herbe, malzige Produkte. Sojasaucen sind stark salzhaltig und dienen als Universalgewürz für viele Gerichte.

Kokosmilch

In der karibischen und asiatischen Küche wird Kokosmilch meist wie ein Fond zum Aufgießen verwendet. Sie wird aus dem Fleisch der Kokosnuss gewonnen und kann durch die in der Nuss enthaltene Flüssigkeit nicht ersetzt werden. Für pikante Gerichte wird ungesüßte Milch benötigt, die gesüßte Creme hat bei der Zubereitung von Desserts Bedeutung. Fertigprodukt.

Chilisauce

Asienläden haben meist mehrere Chilisaucen zur Auswahl: süßliche und salzige, solche für Geflügelgerichte und universell einsetzbare Sorten. Die Hauptzutaten sind Chilis, Knoblauch und Essig – entsprechend stark ist die Würzkraft.

Würztropfen

Orangenblütenwasser

Cremes, Gebäck, Speiseeis und Fruchtliköre profitieren vom leichten, blumigen Aroma des klaren Destillats, das aus den noch geschlossenen Knospen des Orangenbaums gewonnen wird. Orangenblütenwasser verbreitet den Duft arabischer Süßspeisen. Gibt es in der Apotheke.

Ingwersirup

In Sirup eingelegt, gibt geschälter, frischer Ingwer von seinem Aroma viel an die Zuckerlösung ab und nimmt gleichzeitig selbst Süße auf. Als Zutaten können der kandierte Ingwer ebenso wie der Sirup verwendet werden. Asiaten würzen damit scharfe und süße Gerichte.

Grenadinesirup

Das Ausgangsmaterial für dieses Industrieprodukt sind Granatäpfel. Grenadinesirup wird hauptsächlich in Bargetränke gemixt. In herzhafte Zubereitungen gerührt, entwickelt er eine orientalische Note.

Filoteig

Der hauchdünn ausgezogene, strudelähnliche Teig wird vor allem in griechischen und orientalischen Geschäften angeboten – frisch und als Tiefkühlprodukt. Aus kräftigem Mehl und Wasser bestehend eignet er sich zum Einwickeln pikanter oder süßer Mischungen. Anschließend im Ofen garen.

Reisnudeln

Reis enthält Stärke und eignet sich daher in gemahlenem Zustand zur Herstellung von Nudeln. In asiatischen Ländern werden Reisnudeln in Form von Spaghetti und breiten Tagliatelle angeboten.

Reisblätter

Feines Reismehl ist der Grundstoff für runde oder eckige Reisblätter. Sie dienen zum Einhüllen für Mischungen aus Gemüse, Fleisch oder Fisch. Meist garen die gefüllten Päckchen über Wasserdampf im Bambuskorb. Die starren Blätter werden vorher angefeuchtet, bis sie weich und biegsam sind.

Tapiokamehl

Das Bindemittel wird aus den Wurzelknollen tropischer Pflanzen gewonnen. Bei der Zubereitung behält es seine Körnigkeit und entwickelt kleine, glasige Kügelchen. Ersatzweise kann Sago verwendet werden.

Tempurateig

Es lohnt sich kaum, die Mischung aus Mehl und Stärke selbst herzustellen – Asienläden bieten akzeptable Fertigprodukte an. Japanische Köche kamen zuerst auf die Idee: Vorgegartes Gemüse, Kräuter, Fisch oder Meeresfrüchte werden durch den mit Wasser angerührten Teig gezogen und frittiert. Dabei entsteht eine zarte, appetitliche Kruste.

weitere Zutaten

Sesamöl

Das aus gerösteten und ungerösteten Sesamsamen gepresste Öl kommt nur in kleinen Mengen zum Braten in die Pfanne, oft gemischt mit anderen Ölen. In vielen chinesischen Gerichten wird es als Würzzutat erst am Ende der Zubereitung aufgeträufelt. Wegen seines meist intensiven Geschmacks sollte es nur tropfenweise verwendet werden.

Erdnussöl

Das helle, mild-nussige und vergleichsweise lange haltbare Öl wird aus frischen Erdnusskernen gewonnen. Es verträgt hohe Temperaturen und eignet sich daher für die Zubereitung von Wokgerichten und zum Frittieren. In der chinesischen Küche ist es unverzichtbar.

Schafs- und Ziegenmilchjogurt

In mediterranen Ländern wie Griechenland wird aus der Milch von Schafen und Ziegen auch Jogurt hergestellt. In Kombination mit pikanten Gerichten ist er ein milder Ausgleich für die Schärfe. Hoher Fettanteil.

Couscous

In arabischen Ländern gehören die zu Kügelchen gerollten Getreidekörner – Hirse oder Hartweizen – zu den Grundnahrungsmitteln. Vorgequollener Couscous eignet sich gut zum Dämpfen über heißem Wasser. Wegen seines neutralen Geschmacks ist er wie Reis vielseitig kombinierbar.

Basmatireis

Der nicht klebende Langkornreis ist fester Bestandteil der indischen Küche. Geschält beträgt seine Garzeit etwa 15 Minuten, als ungeschälter Naturreis braucht er nach dem Einweichen (am besten über Nacht) 25 Minuten.

Chorizo

Die grobe spanische Rohwurst besteht aus Schweine-, Rind-, Pferde- und Eselfleisch. Rosenpaprika oder Chilis geben ihr häufig eine beißende Schärfe. Bei warmen Zubereitungen entfaltet sie ein deftiges Aroma, in dünne Scheiben geschnitten kann sie auch roh gegessen werden.

Register

A

Apfel, gefüllt, zu Spanferkel mit Zimt-Honig-Glasur **101**
Apfel-Chutney zu Lammkarree mit gedünsteten Zwiebeln **128**
Apfelsalat mit gebratenen Jakobsmuscheln und krossen Speckstreifen **80**
Auberginen und Zucchini mit Tomatentörtchen **46**
Auberginen, gefüllt, mit Curryrührei und geröstetem Knoblauch **52**
Auberginenpüree mit Kalbsbries-Spieß und Zimt **14**
Avocado-Limetten-Mousse mit Jogurt-Minze-Schaum und Himbeeren **40**

B

Bastila von der Taube mit gebackenem Kürbis **94**
Berg und Meer von Hähnchen und Garnelen **68**
Birnen-Erbsen-Suppe mit Reisnudeln und Jakobsmuscheln **120**
Blutreizker auf gebratenem jungem Knoblauch mit Pfefferbutter **82**
Blutwürste mit Linsencurry und Tomaten **86**
Bohnen-Zwiebel-Salat mit süßsauer marinierten Rinderbacken **21**
Bohnenpüree und Chorizo zu Seewolf **132**
Bouchot-Muscheln mit Fenchel-Curry-Sud und Safran **88**

C

Cheesecake mit Himbeeren und Puffreis **76**
Chili aus Crevetten mit Reis-Tortillas und roten Bohnen **112**
Chutney aus Bananen und Ananas zu Seeteufel in Tempurateig **67**
Couscous, kross gebraten, mit Kirschragout und Jogurt **42**
Crème brûlée von Zitronengras mit gebackener Ananas und Zitroneneis **108**
Crêpes, souffliert, mit marinierten Erdbeeren **38**
Crevetten mit Geflügelsalat, Grapefruit und Kokossauce **12**
Crevetten-Chili mit Reis-Tortillas und roten Bohnen **112**
Curryrührei und gerösteter Knoblauch zu gefüllten Auberginen **52**
Currysuppe mit Hähnchenkeulen und Kokos **56**

E

Erbsen-Birnen-Suppe mit Reisnudeln und Jakobsmuscheln **120**
Erdbeeren, mariniert, mit soufflierten Crêpes **38**
Essiggemüse zu Kutteln **134**
Exotische Früchte als Gratin **142**

F

Fasanenrillettes 121
Feigen in Grenadinesirup und Kaktusfeigensorbet 72
Fenchel-Curry-Sud und Safran zu Bouchot-Muscheln 88
Flusskrebse mit Hühnerfleischpolpette, Gartengurken und Koriander 22
Frittierter Seehecht mit Zitronengras und Sojamarinade 26
Früchte, exotisch, als Gratin 142

G

Gambas mit gefüllter Poulardenbrust und eingelegten Tomaten in Vanille 34
Gänseleber mit Maronen und Süßkartoffeln als Millefeuille 90
Garnelen und Huhn (Berg und Meer) 68
Garnelen, sautiert, mit Spaghettini und Zitronengrassugo 60
Gebackene Kalmare in Chilipanade und lauwarmer Tomatensauce 96
Gebackener Pfirsich mit Lavendeleis 66
Gebratene Jakobsmuscheln auf Apfelsalat und krossen Speckstreifen 80
Gebratener Hummer mit Mais und Kokosmilch 116
Geflügelsalat mit Crevetten, Grapefruit und Kokossauce 12
Gefüllte Kartoffel mit Stockfischpüree und Tomatenragout 138
Gefüllte Paprikaschoten mit Couscous und Rosinen 28
Gefüllte Poulardenbrust mit Gambas und in Vanille eingelegten Tomaten 34
Gefüllte weiße Auberginen mit Curryrührei und geröstetem Knoblauch 52
Gefüllter Apfel zu Spanferkel mit Zimt-Honig-Glasur 101
Geräucherter und marinierter Wildlachs mit Orangenglasur 126
Geschmorte Zickleinschulter mit Zitronen und wildem Spargel 39
Geschmortes Kaninchen in Sherry und Kardamom 61
Glasiertes Spanferkel mit gefülltem Apfel 101
Glasierte Spanferkelkeule mit Ananas und roter Bete 139
Granité von grünem Tee mit Orangensabayon und Datteln 144
Gratin von exotischen Früchten 142
Grüner Tee als Granité mit Orangensabayon und Datteln 144

H

Hähnchenkeulen mit Currysuppe und Kokos 56
Himbeeren mit Avocado-Limetten-Mousse und Jogurt-Minze-Schaum 40
Himbeeren mit Cheesecake und Puffreis 76
Huhn und Garnelen (Berg und Meer) 68
Hühnerfleischpolpette mit Gartengurken, Flusskrebsen und Koriander 22
Hummer, gebraten, mit Mais und Kokosmilch 116

J

Jakobsmuscheln und Reisnudeln in Erbsen-Birnen-Suppe 120
Jakobsmuscheln, gebraten, auf Apfelsalat und krossen Speckstreifen 80

Eckart Witzigmann und Patrik Jaros arbeiten seit Jahren immer wieder auch als Team zusammen

K

Kaktusfeigensorbet und Feigen in Grenadinesirup 72
Kalmar-Tatar in der Rotbarbe 74
Kalbsbries-Spieße mit Zimt und Auberginenpüree 14
Kalbskarree mit Kürbis und Limettenrisotto 102
Kalmare, gebacken, in Chilipanade und lauwarmer Tomatensauce 96
Kaninchen à la Bouillabaisse mit Kartoffeln 122
Kaninchen, geschmort, in Sherry und Kardamom 61
Kartoffel, gefüllt mit Stockfischpüree, und Tomatenragout 138
Kirschragout mit kross gebratenem Couscous und Jogurt 42
Kokospolenta mit Bohnen und in Barbecue-Sauce geschmorten Rinderbrustscheiben 87
Krabben-Sticks mit Mango, im Bambuskorb gedämpft 48
Kross gebratener Couscous mit Kirschragout und Jogurt 42
Kürbis mit Taube als Bastila 94
Kutteln mit Essiggemüse 134

L

Lachs, mariniert, und Spargel auf Pizza 53
Lammkarree mit gedünsteten Zwiebeln und Apfel-Chutney 128
Langustenspieß mit Mango-Limetten-Salat 62
Lavendeleis mit gebackenem Pfirsich 66
Limettenrisotto und Kürbis zu Kalbskarree 102
Limettensauce zu Rebhuhn mit Quitten 100
Linsencurry mit Tomaten und kleinen Blutwürsten 86

M

Mango mit Krabben-Sticks, im Bambuskorb gedämpft 48
Mango-Limetten-Salat mit Spieß von der Languste 62
Marinierter und geräucherter Wildlachs mit Orangenglasur 126
Millefeuille von Gänseleber, Maronen und Süßkartoffeln 90
Mohnschmarrn mit Mango und karamellisierten Macadamianüssen 140

N

Niere im Fettmantel mit Senffrüchten und Wirsing-Cannelloni 27

O

Orangensabayon und Datteln zu Granité von grünem Tee 144
Orangen-Schokoladen-Mousse mit geschmorter Birne und Sesam 104
Orangenhuhn mit Honig und schwarzen Oliven 20

P

Paprikaschoten, gefüllt, mit Couscous und Rosinen 28
Pfefferbutter und gebratener Knoblauch zu Blutreizker 82
Pfirsich, gebacken, mit Lavendeleis 66
Pizza mit mariniertem Lachs und Spargel 53
Poulardenbrust, gefüllt, mit Gambas und in Vanille eingelegten Tomaten 34

R

Rebhuhn mit Quitten und Limettensauce 100
Reis-Tortillas, rote Bohnen und Crevetten-Chili 112
Rillettes vom Fasan 121
Rinderbacken, süßsauer mariniert, mit Bohnen-Zwiebel-Salat 21
Rinderbrustscheiben, in Barbecue-Sauce geschmort, mit Bohnen und Kokospolenta 87
Rotbarbe mit Tatar von Kalmaren 74

Zitrusfrüchte mit verschiedenen Fruchtsäuren: Orangen, Kaffirlimetten und glatte Limonen

S

Sardinen in Zitronenmarinade mit Tomatengelee **54**
Sautierte Garnelen mit Spaghettini und Zitronengrassugo **60**
Scampi mit weißem Spargel und Passionsfrucht-Vinaigrette **16**
Schmarrn von Mohn mit Mango und karamellisierten Macadamianüssen **140**
Schokoladensauce zum Spieß vom Wildhasen mit Rosenkohl **133**
Seehecht, frittiert, mit Zitronengras und Sojamarinade **26**
Seeteufel in Tempurateig mit Bananen-Ananas-Chutney **67**
Seewolf in der Salzkruste mit Muschelfüllung **32**
Seewolf mit Bohnenpüree und Chorizo **132**
Soufflierte Crêpes mit marinierten Erdbeeren **38**
Spaghettini mit Zitronengrassugo und sautierten Garnelen **60**
Spanferkel mit Zimt-Honig-Glasur und gefülltem Apfel **101**
Spanferkelkeule, glasiert, mit Ananas und roter Bete **139**
Spargel mit Scampi und Passionsfrucht-Vinaigrette **16**
Spargel, wild, mit geschmorter Zickleinschulter und Zitronen **39**
Spieß vom Wildhasen mit Rosenkohl und Schokoladensauce **133**
Spieß von der Languste mit Mango-Limetten-Salat **62**
Steinpilz-Focaccia mit Aprikosen und Honig **95**
Stockfischpüree als Kartoffelfüllung und Tomatenragout **138**
Süßsauer marinierte Rinderbacken mit Bohnen-Zwiebel-Salat **21**

T

Tatar von Kalmaren in der Rotbarbe **74**
Taube mit gebackenem Kürbis als Bastila **94**
Tomaten, in Vanille eingelegt, zu gefüllter Poulardenbrust mit Gambas **34**
Tomatenragout zu gefüllter Kartoffel mit Stockfischpüree **138**
Tomatengelee zu Sardinen in Zitronenmarinade **54**
Tomatentörtchen mit Zucchini und Auberginen **46**
Tortillas aus Reis, rote Bohnen und Crevetten-Chili **112**

W

Wildhase am Spieß mit Rosenkohl und Schokoladensauce **133**
Wildlachs, mariniert und geräuchert, mit Orangenglasur **126**
Wirsing-Cannelloni mit Niere im Fettmantel und Senffrüchten **27**

Z

Zickleinschulter, geschmort, mit Zitronen und wildem Spargel **39**
Zitronengras-Crème-brûlée mit gebackener Ananas und Zitroneneis **108**
Zitronengrassugo zu sautierten Garnelen mit Spaghettini **60**
Zucchini und Auberginen mit Tomatentörtchen **46**

Impressum

Rezepte
Eckart Witzigmann

Kochassistenz und Styling
Patrik Jaros, Stephan Franz (Desserts)

Fotos
Günter Beer, Wolfgang Schardt (Warenkunde)

Layout
Jens Heerdmann

Redaktion
Madeleine Jakits, Martin Lagoda

Lektorat
Sabine Michaelis

Rezeptdokumentation
Frank Schauhoff

Versuchsküche
Heide Günter

Produktion
Markus Plötz, Sabine Sälzer

Repro
Repro Schmidt, Dornbirn

Druck
Appl, Wemding

Printed in Germany
ISBN 3-7742-2055-7

Auflage 6. 5. 4. 3. 2. 1.
Jahr 2003 2002 2001 2000